패브릭 로맨스
SEWING IN THE GARDEN

Foreign Copyright:
Joonwon Lee
Address: 127, Yanghwa-ro, Mapo-gu, Chomdan Building 6th floor,
Seoul, Korea
Telephone: 82-70-4345-9818
E-mail: jwlee@cyber.co.kr

SEWING IN THE GARDEN
패브릭 로맨스

2016. 5. 16. 1판 1쇄 인쇄
2016. 5. 25. 1판 1쇄 발행

지은이 | 정은
발행인 | 최한숙
펴낸곳 | BM 성안북스
주 소 | 04032 서울시 마포구 양화로 127 첨단빌딩 5층(출판기획 R&D 센터)
       10881 경기도 파주시 문발로 112(제작 및 물류)
전 화 | 02) 3142-0036
       031) 950-6386
팩 스 | 031) 950-6388
등 록 | 1978.9.18 제406-1978-000001호
출판사 홈페이지 | www.cyber.co.kr
이메일 문의 | sunganbooks@naver.com
ISBN | 978-89-7067-308-0 (13590)
정가 | 18,000원

이 책을 만든 사람들
기획 진행 | 전희경, 강지예
편집·표지 디자인 | 디박스
일러스트 | 김나경
사진 | 정길웅, 정은, 김지연
홍보 | 전지혜
마케팅 | 구본철, 차정욱, 나진호, 이동후, 강호묵
제작 | 김유석

이 책의 어느 부분도 저작권자나 BM 성안북스 발행인의 승인 문서 없이 일부 또는 전부를 사진 복사나 디스크 복사 및 기타 정보 재생 시스템을 비롯하여 현재 알려지거나 향후 발명될 어떤 전기적, 기계적 또는 다른 수단을 통해 복사, 재생하거나 이용할 수 없음.

※ 잘못된 책은 바꾸어 드립니다.

패브릭 로맨스
SEWING IN THE GARDEN

정은 · 지음

BM 성안북스

사소한 것은 결코 사소하지 않다

재봉틀을 처음 들였던 계기는 소박하다. 커튼과 베개 커버를 만들어 집 안을 꾸며보고 싶었을 뿐이었다. 물론 커튼과 베개 커버야 어디서든 쉽게 살 수 있는 것이지만 내가 원하는 컬러의 패브릭으로 직접 만들어 사용하고 싶었다. 그 후, 내 손으로 하나씩 완성해가는 재미를 알게 되자 점차 온갖 종류의 소품을 만들게 되었다. 귀가 축 늘어진 토끼 인형과 통통한 곰 인형은 헤아릴 수 없이 많이 만들어서 주변에 나눠주었다. 가방 역시 연습이라는 명분하에 필요 이상으로 넘치게 만들었다. 단순히 취미 삼아 열심히 손을 놀리던 때였다.

그러던 어느 날, 미국의 텍스타일 아티스트인 에이미 버틀러Amy Butler의 아름다운 패브릭 가방을 보고 심장이 마구 요동쳤다. 패브릭 작업도 아트가 될 수 있구나, 하는 강렬한 깨달음 때문이었다. 그동안 알지 못했던 세계에 단번에 눈을 뜬 기분이었다.

이 일로 나는 패브릭 작업을 본격적으로 시작하게 되었다. 가끔 사람들로부터 "미술을 전공하신 건가요?" 라는 질문을 받지만 나는 영어영문학을 전공했고 본업 역시 영어 가르치는 일만을 해왔다. 이런 내가 자신의 행위에 '작업'이란 단어를 붙이기 조금 쑥스럽다는 생각도 든다. 정식으로 미술을 배우진 않았지만 일상 속에서 영감을 포착하고 깊게 감동받을 줄 안다는 점이 장점으로 발현되었던 것 같다.

테크닉은 지루할 정도의 시간 동안 많은 시행착오를 거치며 혼자서 터득했다. 그렇다면 패브릭 작업의 핵심인 컬러의 조합은 어디에서 배웠던가? 컬러감을 익히기 위해 내가 유일하게 투자했던 것은 멈춰 서서 바라보고 또 바라보는 관찰의 시간이었다. 보는 순간 저절로 내 가슴을 열고 와 닿는 컬러의 감각이 있다면 그건 엄청난 축복일 것이다. 처음에 에이미 버틀러의 패브릭 가방을 보고 깊은 감동을 받았던 건, 아마도 가방의 모양보다 오히려 컬러와 프린트 그 자체 때문이 아니었을까.

그 후로도 내 마음을 설레게 하는 패브릭을 찾아 헤맸다. 가끔 원하는 이미지를 머릿속으로 그리면서 이런 컬러의 패브릭이 있다면 얼마나 좋을까 생각한다. 울창한 정글 안에서 피어난 붉은 꽃이나, 미묘하게 다른 빛깔로 서로 얽혀있는 고사리 더미들, 혹은 두 가지 강렬한 컬러가 구불구불하게 어우러진 줄무늬 패브릭을 상상하다 보면 시간 가는 줄 몰랐다.

다행스럽게도, 에이미 버틀러 다음으로 내게 커다란 자극을 주는 텍스타일 아티스트를 발견했는데, 바로 케이프 파셋Kaffe Fassett이었다. 케이프 파셋의 패브릭은 너무도 아름다워 태평양을 날아서 도착한 배달 상자를 열기 전부터 심장이 두근거린다. 이런 설렘을 주기 때문에 그의 예술 세계를 늘 동경하고 감탄한다. 그토록 흠모하는 케이프 파셋의 강연과 워크숍에 참석하고, 가까운 곳에서 만나 대화를 나눌 기회를 몇 번인가 갖게 되면서 좀 더 과감하고 대담한 컬러감을 익히게 되었다.

우리에겐 메마르지 않는 감동이 필요하다. 특히 가슴 사무치게 느껴지는 감동은 우리의 작업에 흠뻑 스며들어 강력한 빛을 발하게 된다. 집중을 요하는 작업을 앞두고 있다면 급하게 작업에 뛰어들기보다 우선은 충분히 숙고하는 과정이 필요하다. 이럴 때 자신의 작업에 영향을 주면서 마음의 위안을 안겨주는 아티스트를 안다는 건 커다란 이점이다. 언제라도 그들의 책을 꺼내 갈증을 해소할 수 있을 것이다. 또한 홀로 나서는 산책, 여행, 명상의 시간 속에서 앞으로의 몰입을 이어나갈 에너지를 채울 수 있다.

패브릭 작업에 대한 이야기를 풀어나가다 보면 지금의 작업을 가능하게 해주는 영감의 원천을 언급하지 않을 수 없다. 그래서 내가 성장한 시골집과 마이산 주변 풍경, 그리고 평소에 즐기는 지극히 사적인 산책길의 풍경을 카메라에 담았다. '사소한 것은 결코 사소하지 않다'는 말에 깊이 공감한다. 일상에 무심히 지나치는 사물이나 풍경에도 이전에 깨닫지 못한 감동이 숨겨져 있음을 안다. 그러한 감동과 좋은 자극이 있기에 자신만의 작업이 가능해진다.

뭐든 직접 터득하는 고전적인 트레이닝 과정이 필요하다는 생각을 하는 나에게, 손으로 무언가 만드는 일이란 굉장히 매력적이며 동시에 감동적이었기에 지칠 줄 모르고 거듭 확장할 수 있었다. 자신의 감동, 느낌, 일상을 그대로 담아낼 수 있는 손작업의 매력을 앞으로 더 많은 사람들이 알고 자신의 삶 속에서 마음껏 누릴 수 있게 되기를 소망한다.

정 은

Inspiration from Nature and Fabric Work

Contents

Prologue
004

1
—
풍요로운 영감을 위한
휴식처

나의 오픈 스튜디오
Recounting My Motivation

초록이 숨 쉬는 정원
010

빛이 들어오는 작업실
018

꽃이 머무는 공간
024

2
—
일상의 동반자

가방
Everyday Stylish Bags

멈추지 않는 열정
| 시선이 머무는 가방 |
034

친환경 에코백
036

크로스백 & 클러치백 즐기기
042

심플함에 더해진 디테일
044

출발은 아주 단순한 기본 가방
054

큰 가방을 든 여인
056

여전히 함께하는 오래된 가방
065

시간이 지나 더욱 깊어진
가방의 멋
070

패브릭 지갑 마니아
072

돋보이는 감각
| 작은 아이디어 |
074

특별한 가방
| 백팩 이야기 |
076

3
—
위로의 컬러

친숙한 공간 속의 소품들
Emotional Colors Giving Comfort Healing

포근함
| 기대고 싶은 쿠션 |
082

색을 입은 의자
| 커버링 이야기 1 |
094

색을 입은 의자
| 커버링 이야기 2 |
101

평범함에 컬러를 더한
| 그러한 앞치마를 권함 |
109

눈부터 즐거운 테이블
| 다양한 플레이스 매트 |
112

도자기가 놓인 풍경
118

Inspiration from Nature and Fabric Work

5
자연의 한 조각

이불
Blanket Coming from a Part of Nature

사각형의 매력, 단순함 속 디테일
| 패치워크 이야기 1 |
142

로맨틱 블루, 삼각형
| 패치워크 이야기 2 |
148

삼각형 패치 응용
| 커튼 |
153

이불 속으로 들어온 싱그러운 캔디 컬러
| 패치워크 이야기 3 |
156

깊어가는 여름 정원
| 패치워크 이야기 4 |
164

원시적 색감 즐기기
| 패치워크 이야기 5 |
168

숙련으로 가는 길
그리고 단순함에 길들여지기
| 패치워크 이야기 6 |
172

생각이 많아질수록 단순하게 접근하기
| 패치워크 응용 |
184

산뜻한 탄생_재활용
| 데님+자투리 원단 |
188

4
산책 나가는 길
On the Way to the Inspiration

은은한 매력
| 스커트 예찬 |
125

특별한 셔츠를 입고 싶은
| 그러한 날을 위하여 |
133

6
작업의 동기 부여

영감은 어디에서 오는가?
About Creative Motivation

관찰자 혹은 산책자의 시선
| 모래재 터널 전주~진안 드라이브 코스 |
194

그리움으로 맴돌 때
| 계남정미소 |
206

자연 속에서 걷기 그리고 바라보기
| 건지산 |
211

연꽃 공동체를 선사하는
| 덕진공원 |
216

세련된 매력
| 전북대학교 자연사박물관 |
218

산책과 걷기의 경계를 즐기는
| 한적한 진북동 산책 |
220

신비로운 순간
| 중화산동 소나무길 산책 |
226

초록 에너지를 찾아서
| 수목원 |
228

시크릿가든
| 온실의 다른 발견 |
232

여행지에서 늘 찾는
| 미술관 산책 |
236

특별한 만남
| 에이미 메릭 |
240

Epilogue
248

1

Recounting
My Motivation

풍요로운
영감을 위한
휴식처
—
나의 오픈
스튜디오

초록이 숨 쉬는 정원

내가 작업하는 공간은 전주에서 번화가에 속하는 중화산동에 자리하고 있다. 8년 전 이 골목에 처음 공간을 마련했을 때 커피숍은 하나였고 듬성듬성 이런저런 가게들이 장사를 하고 있었다. 건물 사이에는 비어있는 공간이 많아서 공터에 채소를 가꾸는 할머니가 계셨고, 햇빛을 가리는 건물이 없어서 창문으로 시원스레 햇살이 쏟아져 식물이 자라기 더없이 좋은 조건이었다. 그 후로 몇 번의 이사를 하고 나서야 아주 오래전에 눈여겨보았던 지금의 1층 공간으로 들어오게 되었다. 1층에 작업실을 갖고 싶었던 첫 번째 이유는 나의 패브릭 작업을 행인들에게 보여주고 싶다는 생각이 압도적이었다. 골목을 지나는 사람들, 그들이 곧 나의 관람객이 되는 아주 자연스러운 인연을 만들고 싶었다.

하지만 더 이상 동네에 공터는 없다. 커피숍은 한 골목에 못해도 열 개는 족히 넘고, 건물이 빡빡하게 들어선 덕에 창문으로 햇살이 들어오기가 더우 어려워졌다. 그래도 건물 옆 주차장 덕분에 한쪽 창문이라도 답답하지 않아서 감사하고, 더욱 감사한 건 주차장 옆에 아주 작은 화단이 있어서 꽃을 심을 수 있다는 것이다.

초록 식물을 바라보면 눈이 편안해진다. 화려한 패브릭이 자칫 과해 보이지 않게 하는 역할을 해주기도 한다. 작업실 곳곳에 배치되어 안정된 존재감을 드러내는 초록의 우아함을 매일 아침 눈으로 감상하며 인사한다. 많은 분들이 식물이 놓일 수 있는 공간을 자유롭게 확보할 수 있다면 좋겠다. 책꽂이나 그릇이 놓이는 선반에 가녀린 듯 풍성하게 늘어지는 식물을 두면 참으로 멋스럽다. 책을 보는 나무 테이블 위에 웅장한 베고니아를 두었는데 창 쪽을 향해 뻗어 가는 줄기가 1년 사이 상당히 도톰해졌다. 그리고 소파 바로 옆에는 커다란 움베르타가 부채처럼 넓은 연둣빛 이파리를 캐노피처럼 드리우고 있어, 잠시 쉬려고 누워있으면 고맙게도 숲 속 분위기를 연출해준다.

꽃도 좋아하지만 초록 식물의 비중을 중요시한다. 마음 같아서는 공간을 무성한 정글만큼 초록으로 채우고 싶으나, 문을 여는 순간 두 손을 휘저으며 헤집고 들어와야 하는 불상사가 생길까 봐 자제하고 있다.

Recounting My Motivation

패브릭, 꽃, 식물, 도자기가 어우러진 나의 작업 공간

물론 식물은 정성으로 관리를 해주어야 튼실하게 자라겠지만 나는 가까이에서 바라보는 게 가장 중요하다고 생각한다. 본다는 건 관심이다. 바라보면 어느새 새 이파리가 돋아나고, 꽃봉오리가 열리기 시작하며, 덩굴이 한 뼘은 더 위로 뻗어 나간다. 그 과정을 지켜보는 건 대단히 즐거운 경험이다.

단골인 식물농장은 전주 외곽에 위치하고 있지만 규모가 큰 만큼 다양한 식물이 있어 거리감은 큰 문제가 되지 않는다. 구석에 방치된 듯한 식물들이 의외로 줄기의 형태가 독특해서 곧게 자란 식물보다 더 멋스럽다.

작년 여름, 농장 구석에 잘려 버려진 행운목의 싹이 아까워 작업실로 가지고 왔다. 유리화병에 시원해 보이도록 투명한 비닐을 집어넣어 무심히 꽂아두었는데 1년 사이 우람하게 성장했다. 페트병을 가득 메울 정도로 자라난 뿌리가 마냥 신기하다. 큰 화병에 투명비닐을 집어넣고 그 위에 행운목이 담긴 페트병을 두니 아주 근사한 모습이 연출된다. 곳곳의 식물을 바라보며 절로 환한 미소가 지어지는 걸 보면 화초를 키우는 과정에서 보람을 느끼는 재미가 정신 건강에도 큰 도움이 되는 게 분명하다.

꽃이나 식물의 이파리를 가만히 들여다보면 물감으로
그려보고 싶다는 충동이 올라온다. 연필, 물감은 늘 책상 한쪽에 준비되어 있다.
시간이 늘 빠듯해서 마음처럼 행동으로 옮기긴 쉽진 않지만
정말로 하지 않으면 안 될 것 같은 강한 감정이 밀려들어 저절로
그림을 그릴 때가 있다. 잘 그리고 싶다는 생각만 내려놓으면
더없이 편안하고 즐거운 시간이다.

Recounting My Motivation

어느 겨울 밖에서 바라본 스튜디오

그러다 고개를 들어 가만히 작업실 풍경을 바라보면 풍요로운 컬러에 취하는 기분이 든다. 창 쪽으로 고개를 돌리면 가끔 작업실 밖에 서서 "여기는 뭐 하는 곳이지?"라는 얼굴로 한참을 바라보는 사람들을 발견한다. 그러다 문을 열고 안으로 들어오는 호기심 가득한 얼굴들.

문 앞에 작은 메모를 붙여뒀다. 오픈 스튜디오이니 들어와 편히 구경하라는 내용이다. 문을 열어두고 외출하면 어떡하느냐며 간혹 지인들이 잔소리하지만 아직은 이런 방식이 괜찮다고 생각한다. 조용히 다녀간 사람들이 제법 된다는 짐작은 나중에 소중한 인연이 된 분들에게 들어 유추할 수 있으니까. 가끔은 서점이나 카페인 줄 알고 오는 사람들도 있다. 한번은 꽃집인 줄 알고 들어 온 중년의 여성 분께서 기어이 제라늄이 심어진 토분 하나를 구매?해 간 해프닝도 있었다.

나의 작업실이 누구에게나 휴식이 되는 자유롭고 편안한 공간이 되었으면 한다. 지인들은 찾아와 조용히 머무르며 독서를 하고 가기도 한다. 일주일에 두 번 영어강독 스터디를 열기도 하고 비정규적으로 독서 모임을 하는 공간이기도 하다. 특히 나는 독서를 좋아해 전주대학교에서 한 달에 한 번 있는 독서 세미나인간+X에도 참여하고 있다. 선호하는 책만 너무 읽는 건 아닌가 하는 염려가 들어 시작한 게 벌써 6년을 채우고 있다. 혼자서는 읽을 엄두가 나지 않는 굵직한 인물들이 쓴 책을 여러 명이 함께 읽으니 더 깊은 지식을 채울 수도 있고, 게을러지거나 책이 어려워 방황할 때도 어느새 멤버들 사이에 우정이 생겼는지 서로 책임감을 가지고 꾸준하게 잘 참여할 수 있게 되었다.

나에게는 생업이 따로 있고 패브릭 작업은 그야말로 자투리 시간을 활용하고 있는 처지라 늘 시간이 좀 많았으면 하는 바람이다. 그러나 나는 알고 있다. 정작 시간이 원 없이 넘친다고 더 나은 작품이 나오는 건 아니라는 걸. 결국 남는 시간이란 없다고 생각한다. 시간은 내가 만들어 내는 것이라, 그렇게 생각하고 노력할 뿐이다.

빛이 들어오는 작업실

아침에 작업실 문을 열고 잠시 그대로 서서 하염없이 바라보고 있을 때가 있다. 그 자리, 그곳에 놓인 꽃병, 초록빛 식물들, 가방이며 쿠션……. 모든 걸 마음 가는 대로 그곳에 두었을 뿐인데 보기에 좋아 잠시 서서 바라보는 순간은 꼭 부드러운 햇살이 비치는 아침 시간이다. 넓은 창문으로 쏟아지는 풍성한 아침 햇살 속에 모든 사물의 색감이 눈부시게 광채를 내는 순간은 완벽하다.

계절에 따라 햇살의 강도도 달라진다. 한여름에는 오전 8시에서 9시 사이가 가장 아름답다면, 한겨울에는 오전 10시에서 11시 사이에 따사롭고 고운 햇살이 작업실 깊숙이 들어온다. 이 고요한 아침 시간, 불을 켜기 전 작업실의 모든 빛깔이 새롭게 보인다.

나의 작업실은 북적거리는 도심 속에 있지만 한 골목 차이로 고요함과 아늑함을 주는 공간에 위치한다. 가끔 밖에서 진열창을 바라보는 사람들이 있고, 용기를 내어 문을 열고 들어오는 사람들도 있다. 한적한 동네 갤러리를 늘 구상하지만 생각해보면 작업실의 한 공간만 활용해도 충분히 관심 있는 사람들에게 보여줄 수 있을 것이다. 작업은 주로 이른 아침이나 일과가 마무리된 늦은 저녁에 이루어지므로 누군가 방문한다 해도 딱히 번잡함을 주지도 않는다.

작업실 입구가 동쪽을 향하고 있어서 유난히 아침 햇살이 찬란하다. 작업하는 공간에는 반드시 창이 있어야 자연광에서 선명히 드러나는 천의 느낌을 제대로 느낄 수 있다. 나의 작업실에서 만큼은 사물을 배치할 때 누구의 눈치도 볼 필요가 없으므로 그 안에 머무는 동안에는 진심으로 영혼 깊이 자유롭다. 어떤 사물이든 늘 그 자리에 있을 필요는 없다. 기분 전환을 위해 새로운 물건을 사기보다는 물건의 위치를 과감히 바꿔보는 재미를 권한다. 소파나 테이블의 위치를 바꾸기만 해도 집 안 분위기가 새로워질 수 있다. 전에는 맘에 드는 물건을 구입하고선 마음이 뿌듯했으나, 언제부턴가 새 물건을 사는 것에 적지 않은 부담을 느끼게 되었다. 가급적 필요 이상의 소비를 자제하려 하지만 어찌 그게 쉬운 일인가? 그래서 작업실에 놓인 의자들은 대부분 중고가게에서 저렴하게 사거나, 아파트 쓰레기 수거장에서 데려와 깔끔하게 리폼한 것들이다.

한때는 열광적으로 리폼을 즐긴 적도 있었다. 이제는 새 물건에 대한 욕심이 좀 줄어들어서 공간에 물건을 채우려는 마음이 많이 비워진 듯하다. 조금은 허전한 공간이 있어야 채워진 공간이 돋보인다. 화초를 배치할 때도 채움과 비움의 원리를 잘 이용하면 결국 모든 화초가 눈 안에 근사하게 들어오게 되는 걸 이제는 알게 됐다.

Recounting My Motivation

꽃이 머무는 공간

패브릭 작업을 몰랐다면 아마도 꽃을 다루는 플로리스트가 되었을지도 모를 일이다.
내게 꽃이 없는 일상은 상상하기 어렵다.

 식물은 참으로 고마운 존재다. 커다란 숲 못지않게 단 하나의 꽃망울이나 이파리에서도 가슴 벅찬 감동을 느낄 수 있다. 그래서 작업실엔 늘 식물이 함께 공존한다. 식물이 없는 공간은 너무나도 삭막하다. 다행히 집에서 걸어서 5분 거리에 꽃시장이 있다. 매주 세 번, 생생한 꽃들이 이른 아침에 들어온다. 봄가을에는 적어도 일주일에 한 번 꽃시장에 들러 마음껏 구경하고 한 아름 꽃을 안고 돌아온다. 생화가 주는 매력이란 생동감에 있다. 피곤할 때, 머리가 복잡할 때 꽃을 잔잔히 바라보며 마음의 위로를 듬뿍 받는다.

전에 보기 힘들었던 신기한 꽃들을 이제는 꽃시장에서 쉽게 볼 수 있다. 그만큼 종류가 다양해 져 선택의 폭이 넓어져서 좋긴 하다. 한편으론 계절을 손꼽아 기다리던 수국이나 리시안셔스Lisianthus를 사계절 내내 볼 수 있게 되니 오히려 이상한 느낌이다.

꽃을 좋아하는 열정만큼 다양한 화기花器가 필요하다. 기본적으로 투명한 유리화기가 유용하게 쓰인다. 사이즈를 몇 가지 다르게 갖추면 꽃의 스케일에 따라 골라서 연출할 수 있다. 사용하고 난 유리병을 꽃병으로 재활용하는 것도 좋은 아이디어가 될 수 있다. 한두 가지 꽃을 소박하게 꽂을 때는 활짝 핀 꽃을 짧게 잘라버리기 아까워서 다시 꽂으면 오랫동안 생생하다. 한 종류 꽃을 듬뿍 꽂는 것을 좋아하지만 때론 이것저것 섞여 있는 꽃들도 아름답다.

어떤 장소에서 어떤 음악, 아니면 어떤 장면의 찰나가 머릿속에 각인될 때가 있다. 나의 무수한 기억의 저장 공간에는 꽃의 비중도 상당하다. 진보랏빛 아네모네의 감동은 지금도 잊을 수 없다. 겹겹이 큼지막하게 펼쳐지는 아네모네의 신비함. 그립다. 양귀비는 어떠한가. 얇은 꽃잎이 아스라함을 주면서도 생동감 넘치는 컬러의 매력을 지니고 있다. 특히 꽃대가 여리면서 자연스럽게 구부러지는 자태는 한두 개만 꽃병에 꽂아 놓아도 그 자체로 예술이 되어버린다. 오래도록 두고두고 눈 호강을 하다가 꽃잎이 뚝뚝 떨어져 버려도 그 모습이 또 얼마나 근사한지 모른다. 값이 제법 나간다 해도 전혀 망설일 필요가 없는 아름다운 꽃이다.

모든 꽃이 아름다워서 어느 꽃을 좋아하느냐고
콕 들어오면 대답하기 쉽지 않다. 흐드러지게
피는 작약이나 아네모네, 여리한 꽃잎이
사랑스러운 리시안셔스와 라넌큘러스Ranunculus
그리고 깊은 컬러의 카네이션. 긴 줄기를 따라
꽃들이 촘촘히 피어나는 라인플라워Line
Flower인 금어초와 델피니움Delphinium은
풍성히 꽂아두고 보기에 아주 매력적이다.
또 하나 빠질 수 없는 게 바로 서양란이다. 특히
한여름이나 한겨울처럼 생화의 싱그러움을
유지하기 쉽지 않은 계절에 즐거움을
선사해주는 꽃이기도 하다. 꽃 이야기를 하다
보니 내일 아침에 당장 꽃시장에 가야겠다는
설렘이 가득 찬다.

꽃병은 모두 재활용 병이다.

아침에 서둘러 꽃시장으로 달려갔다. 그럴 때가 있다.
추운 겨울날을 보내며 무척이나 그리워했던 양귀비를 두 단,
설유화, 금잔화, 부르니아 Brunia를 각각 한 단씩 사 들고 작업실로 곧장 와서는
스피커 볼륨을 높이고 이렇게 저렇게 진지하게 꽂아본다.

작업실 주차장 옆에 아담한 화단이 있다. 이 화단에 봄부터 가을까지 몇 종류의 화초를 심어 나름 게릴라성 가드닝을 연례행사로 실천하고 있다. 화분에서 화단으로 옮겨 간 수국이 굵은 줄기를 자랑하며 듬직하게 자리를 잡았고, 역시 화단으로 나간 국화와 동백도 안정적으로 잘 자라고 있다. 가끔은 화단에서 꽃을 들여와 가만히 바라본다. 작업을 하거나 책을 읽다가 잠시 자리에서 눈을 돌리면 한눈에 들어오는 이 동백의 아름다움에 또한 기분이 설렌다.

직접 만든 리스와 가방

2

Everyday
Stylish Bags

일상의 동반자
—
가방

Everyday Stylish Bags

멈추지 않는 열정
_시선이 머무는 가방

가방을 주제로 이야기를 시작하려니 몹시 들뜬다. 패브릭 작업을 하면서 무엇보다 많이 만들었던 소품이 바로 가방이었다. 가방을 처음 만들기 시작했을 때는 과연 몇 개나 만들어야 원하는 가방은 뭐든지 뚝딱 만들어낼 수 있게 될까 궁금했다. 그래서 가방을 만들 때마다 숫자를 기록해두었다. 지금으로부터 4년 전, 마침내 기록한 숫자가 천 단위가 되었다. 1,000이라는 숫자가 도무지 믿기지 않았지만 그렇게 수없이 만들어보고 나서야 비로소 선호하는 가방이 몇 종류로 압축되었다.

친환경 에코백

아침에 집을 나설 때 적어도 가방을 두 개는 메고 나온다. 서너 권의 책과 스카프, 파우치를 넣을 수 있는 비교적 큰 사이즈의 가방 하나와 핸드폰과 지갑을 넣을 수 있는 작은 사이즈의 크로스백 하나. 이 두 가방은 어딜 가나 나의 필수품이다. 가끔 짐이 더 있으면 가볍게 접을 수 있고 은근히 수납도 많이 되는 에코백을 활용한다. 여행할 때도 백팩의 앞주머니에 에코백을 작게 접어서 꼭 넣고 다닌다. 이게 정말 유용하게 사용된다. 에코백 하면 특유의 아이보리 컬러에 특정 그림이나 로고가 새겨진 천 가방을 먼저 떠올릴 것이다. 친환경적인 의미를 담고 있는 에코백은 플라스틱백의 남용을 방지하기 위해 내구성이 강하고 질긴 캔버스 천으로 제작되었다. 거리에 나가보면 이제 에코백은 본래의 목적을 뛰어넘어 패션 아이템으로도 인기가 있음을 실감할 수 있다.

지난 8월, 런던에 머무는 열흘 동안 따뜻한 라떼와 크루아상을 카페 몬머스 Monmouth에서 맘껏 즐겼다. 코벤트 가든 Covent Garden의 몬머스 스트리트에 위치한 이 매력적인 카페는 규모는 작지만 오전 9시를 넘어서면 길게 줄 선 사람들을 저 멀리서도 볼 수 있을 정도로 인기가 높다. 카페 입구에는 에코백이 진열되어 있는데 이 에코백은 특유의 아이보리 천에 카페 로고가 새겨진 게 전부다.
아침마다 나에게 근사한 라떼를 제공해준 카페를 기념하고 싶어 2장을 구입했다. 아마 패브릭 작업을 시작한 이래로 처음 구입한 천 가방일 것이다. 얇은 캔버스 천 1장으로 만들어진 이 에코백은 가볍게 접어서 가방에 넣고 다니기 좋아 종종 유용하게 쓰였다. 보조가방으로 쓰임새 많은 착한 가방이라 말해주고 싶다.

매력적인 에코백들

지난 개인전에서 에코백 몇 종류를 선보였다. 반절은 도톰한 광목을 직접 염색하여 보라, 초록, 분홍의 순수한 컬러에 상큼한 꽃무늬의 새 모양을 아플리케 기법으로 덧대어보았다. 바탕과 비슷한 컬러로 새를 배치해도 좋고 아니면 눈에 띄게 보색을 사용해도 좋을 듯하다.

아이보리 바탕이라면 어떤 컬러와도 조화를 이룰 수 있다. 에코백 작업은 기본적인 형태에 작은 감각을 보태는 것만으로 전혀 다른 개성을 표현할 수 있다는 매력에 멈출 수 없는 작업 중 하나이다.

에코백 만들기

준비물   프린트 패브릭 1/2마, 단색 리넨(캔버스지 또는 청지 가능) 1/2마, 시침핀, 줄자, 연필, 가위, 다리미

1. 프린트 패브릭 1/2마, 단색 리넨(캔버스지 또는 청지 가능) 1/2마를 준비해서 각각 2장씩 가로세로 36cm/42cm로 자른다.
2. 손잡이를 위해 패브릭을 각각 가로세로 8cm/40cm 사이즈로 자른다.
3. 각각의 원단을 겉면이 마주 보게 겹쳐서 봉투 모양으로 박아준다(바느질 시접 여유분은 적어도 0.5cm 이상 유지).
4. 가방 아래 끝부분(코너)을 삼각형 모양으로 정돈해서 살짝 박아준다(안감과 겉감이 겉도는 걸 방지하기 위함).
5. 방향을 확인하고 가방을 뒤집는다.
6. 안감과 겉감을 안쪽으로 접어서 정돈하고 꾹꾹 눌러 다린다(2cm 정도 시접 여유).
7. 손잡이는 원단을 한 겹으로 하면 힘이 없기 때문에, 안감 리넨 원단을 한 겹 더 대어서 원하는 간격만큼 정돈해서 다리미로 깔끔하게 눌러준 후 박는다.
8. 원하는 간격 만큼 손잡이를 배열해서 시침핀으로 고정한 다음 전체적으로 쭉 둘러 박는다(1~2cm 간격을 두고 한 번 더 둘러 박으면 가방이 더 튼실한 느낌).

개인적인 성향을 반영해서 뭐든 편하게 사이즈를 조절하면 된다. 긴 끈과 짧은 끈 모두 달기 원하면 같은 요령으로 끈을 길게 만들어 박으면 그만이다.

크로스백 & 클러치백 즐기기

가방은 패션 아이템 중 하나로 중요한 부분을 차지한다.
그 날 입은 옷의 컬러나 스타일에 따라 가방도 달라져야
한다. 그런 이유로 다양한 사이즈, 다양한 컬러의 가방이
필요하다. 큼직한 가방을 좋아하는 만큼 작은 가방도
정말 좋아한다. 특히 크로스백을 애용하는 편. 여행할
때는 어깨끈을 좀 더 도톰하게 만들어서 어깨가
불편하지 않도록 한다. 핸드폰이나 지갑만 넣는
용도라면 최소한의 사이즈로 만들어서 크로스백으로
사용하거나 어깨끈을 제거해 클러치백으로도 쓸 수
있다. 크로스백은 대개 가로가 긴 직사각형 모양을
선호하지만 세로가 좁고 긴 직사각형은 앞뒤로 안정감
있는 주머니를 달기 안성맞춤이어서 또 좋다. 지퍼를
달아서 주머니를 만들 수도 있지만 깊이 있는 주머니를
달 수 있기에 굳이 지퍼를 고집하지 않아도 된다. 앞뒤
두 개의 주머니는 여행 다닐 때 정말 유용하게 쓰인다.

심플함에 더해진 디테일

기본 클러치백 만들기에 익숙해지면 자신만의 아이디어를 적용해보면 어떨까.
잡지를 보거나 길을 걷다 문득 간단한 아이디어가 눈에 들어오거든
메모를 해두었다가 자신만의 스타일로 시도해보면 재미있는 결과물이 나올 수 있다.

이 클러치백은 자투리 천을 길쭉하게 잘라서 무작위로 이어붙여 만든 것이다.

가로 8인치, 세로 5인치는 내가 가장 선호하는 클러치백 사이즈다. 하지만 가방의 컬러는 가지고 있는 옷의 컬러만큼 혹은 그 이상으로 다양해야 한다고 생각한다. 그런데 우리들의 옷장을 자세히 보면 생각보다 많은 컬러를 누리지 못하는 것 같다. 혹여 컬러를 두려워하는 게 아닐까 싶을 정도로 무채색으로만 채워진 옷장도 있을 것이고, 자신이 선호하는 색깔로만 컬러가 편중된 경향도 있을 것이다. 그렇다면 즐기지 못하는 컬러를 어떻게 스타일에 끌어들일 수 있을까?

나 역시 컬러에 대한 편견이 있었는데, 나에게 레드 계열은 어울리지 않는다는 생각이 그것이었다. 아마도 다소 부담스럽게 느껴졌던 탓도 있겠지만 이러한 생각에 오랫동안 지배당한 탓인지 정말로 옷장에서 레드 계열의 옷을 찾아볼 수 없었다. 그러나 패브릭 작업을 하다 보면 유독 마음 끌리는 컬러가 바로 레드임을 부정할 수 없다. 블루만큼 가슴이 떨리는 마력을 가진 컬러이다. 패브릭 작업 덕분에 어느새 레드와 친해져서 이제는 옷 대신 클러치백이든 빅백이든 가방으로 레드를 흠뻑 즐기고 있다.

– 염색 작업 –
보다 더 자연스러운 컬러를 위하여

   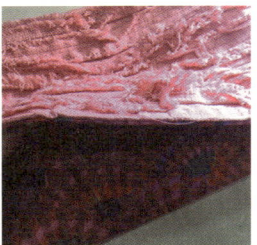

염색 작업은 생각도 못했는데 어느 날 핑크빛 프릴이 잔뜩 들어간 베개를 보고 클러치백에 이런 핑크빛 러플을 풍성히 달면 더 여성스럽고 우아하지 않을까 싶은 생각이 들었다. 그 자리에서 도톰한 면 원단에 염색을 시도해보았는데 색이 곱게 나와서 기분이 좋았다. 조금씩 염색에도 관심을 가지면서 굳이 원단을 순백으로만 하지 않고 연베이지나 내추럴 광목 원단을 사용하면 더 깊이 있는 색감을 낼 수 있다는 걸 알게 됐다. 물론 염료의 양으로도 색감을 조절할 수 있으나 원단에 따라서도 미묘한 차이가 난다는 걸 경험으로 터득할 수 있었다.

염색하기

패치워크 작업으로 빛바랜 양철지붕을 어떻게 표현할까 고심하다 직접 염색을 해보기로 했다. 염색 작업의 경험이 전혀 없던 상황이라 여기저기 검색해서 자료를 읽어보고 동영상을 보면서 서툴지만 한두 번 염색을 하다 보니 조금은 감을 익힌 것 같다. 여전히 부족하지만 앞으로도 수없이 많은 염색 작업을 거치면서 더 자연스러운 컬러를 만들어내리라 기대해본다.

1   염색할 원단 준비하기 사진은 30수 워싱광목.
2   준비한 원단을 뜨거운 물에 적셔놓는다.
3   뜨거운 물을 준비하고 광목 1마에 1리터 정도의 물 종이컵 1/2 정도의 소금과 염료를 부어 잘 섞이게 젓는다.
4   젖은 광목을 천천히 염료가 섞인 물에 적시듯이 담가 골고루 염료가 물들 수 있게 충분히 주물러 준다.
5   30분 정도 담가둔다.
6   맑은 물이 나올 때까지 계속 헹구어준다. 인내심이 필요한 부분.
7   하루 정도 물을 듬뿍 부은 상태로 담가둔다.
8   하루 지나 다시 여러 번 헹구어 건조한다.

직접 염색한 원단과 비단향꽃무의 보랏빛이 조화롭다.

셀 수 없을 정도로 무수히 만들어 본 클러치백.
쇼윈도의 잘 차려입은 마네킹이나 거리의 패셔너블한 여성의 멋진 패션에 가끔 가방이 문제가 될 때가 있다.
그럴 때 머릿속에서 이런저런 생각이 차오른다. 상상으로 가방을 만드는 것이다.

간단한 소지품을 넣기에 딱이면서도 스타일을 살려주는 클러치백.
클러치백이 소화해 낼 수 있는 의상은 의외로 다양하다.
드레시한 분위기부터 캐주얼한 청바지까지.

Brandon Mably Fabric「Gone Fishing」

옷을 좋아하는 만큼 가방에 대한 애정도 만만찮다. 불현듯 초록 코트에 빨간 클러치백을 들어보고 싶을 때는 망설임 없이 작업에 들어간다. 재봉틀을 10년 넘게 붙잡은 결과 간단한 가방은 20분 정도면 만들 수 있게 됐다. 그러나 중요한 건 속도가 아니고 작업에 대한 열정이므로 기계적으로 하고 싶진 않다. 내켜야 작업이 시작된다. 그렇지 않으면 움직이지 않는다. 브랜든 매블리Brandon Mably의 패브릭 디자인은 매우 특별하다. 그의 디자인은 늘 기하학적 패턴을 고수하는데 심플한 줄무늬나 도트무늬도 그가 만들면 결코 평범해 보이지 않는다. 살짝 굴곡이 있는 줄무늬에 멋진 컬러 조합, 아니면 뒤틀린 듯한 도트에 강렬한 컬러의 대비를 과감히 보여주는 매블리의 패브릭은 특히 꽃무늬 패브릭과의 조화에서 더욱 돋보인다. 오늘은 오랜만에 매블리의 패브릭으로 나를 위한 클러치백을 만들었다.

출발은 아주 단순한 기본 가방

모든 창조적인 디자인은 가장 기본적인 디자인에서 비롯된다.
마찬가지로 기본 가방에 아이디어가 더해져 다양한 디자인의 가방이 탄생한다.
자신만의 가방을 자유로이 만들 수 있으려면 반드시 기본 가방 만들기에 익숙해져야 한다.

일반적인 에코백을 기본 가방이라고 생각하면 쉬울 것이다.
이 기본 가방의 첫 번째 변화는 사이즈다. A3 용지 사이즈 A4 2장
사이즈의 가방을 기준으로 하고, 더 큰 가방을 원하면 A3 용지
2장 사이즈도 좋다. 작은 크로스백이나 클러치백을 원할 때는
A4 용지 한 장 크기로 하고 그보다 더 작은 크기를 원할 경우는
전체적으로 1인치에서 2인치씩 줄여주면 된다.
이런 방식 정확한 치수로 규격화하지 않는 으로 가방을 만들면 별다른
패턴이 필요 없다. 간혹 패턴을 달라고 하시는 분들이 있는데
나는 정말 패턴을 따로 가지고 있지 않다. 가위와 시접 자만
있으면 즉석에서 어떤 가방이든 만들 수 있다. 기본 가방에
손잡이는 원하는 길이만큼 짧거나 길게 조절할 수 있고,
주머니는 지퍼를 달거나 오픈식 주머니를 깊게 만들 수도 있다.
그저 원하는 대로 상상하는 대로 자연스럽게 만들면 된다.
똑같은 가방을 여러 개 만들 때는 아무래도 패턴이 유용할 수
있겠지만 똑같기만 한 가방은 매력이 없다. 적어도 패브릭이나
주머니 컬러를 완전히 다른 느낌으로 바꾸어주면 작업하기가
그리 따분하진 않으리라.
작은 가방이라고 작업 시간이 좀 줄어든다거나 만들기
쉬워지는 건 아닌 것 같다. 간혹 작은 가방의 지퍼 다는 작업이
난해해서 머리가 아플 때도 있다. 아니면 실컷 작업했는데 앞뒤
천의 방향이 틀렸거나, 애매하게 비뚤어졌거나 할 수 있다.
늘 성공적일 수 없지만 그럴 땐 "좀 쉬어야겠구나." 생각하며
여유를 가지면 된다. 이상하게 너무 몰입만 하면 실수가
나온다.

Everyday Stylish Bags

큰 가방을 든 여인
이 가방 어디에서 사셨어요?

Everyday Stylish Bags

늘 짐을 많이 가지고 다니는 여자들이 있다. 빅백은 기본으로 들고 작은 크로스백까지 활용해 간단한 소지품도 넣어 다닌다. 이러면 휴대폰이나 지갑을 꺼낼 때 무척 편리하다. 빅백을 디자인할 때의 장점은 면적이 넓기 때문에 패브릭이 돋보일 수 있다는 점이다. 계절에 어울리는 패브릭을 과감히 골라보는 것도 좋다.

앞쪽에 깊은 주머니가 세 개나 되고 안쪽에도 주머니가 있다.
스타일과 실용성 둘 다 만족스러운 가방이 빅백이다.

패브릭 가방을 들어보고 은근한 중독을 느끼는 이들이 있다. 대부분 패브릭이 주는 신선한 컬러에 이끌려 처음 사용해보고는 스튜디오에 찾아와 이런저런 얘기를 한다.

"이번엔 짙은 청지로 가방을 만들고 앞쪽에 화려한 패브릭으로 커다란 주머니를 달면 어떨까요?"

나름의 아이디어를 제시하는 분들의 의견은 개인의 개성만큼이나 다양하다. 단순한 기본 가방이 다양한 변신을 할 수 있는 이유가 바로 여기 있다.

빅백은 담는 물건에 따라 자연스럽게 모양이 잡힌다. 비교적 적은 양의 물건을 넣어도 어색하지 않게 모양이 잡히고 많이 넣어야 할 때는 정말 놀라울 정도로 물건이 마구 들어간다. 짧은 손잡이와 긴 어깨끈 둘 다 달아주는 이유도 개인의 용도에 따라 유용하게 사용하라는 의도이다. 빅백을 만들 때는 개인적으로 큼직한 프린트의 패브릭을 선호한다. 그래야 보기에도 시원한 스타일이 연출되는 것 같다.

그레이 색감이 우아하게 펼쳐지는 필립 제이콥스*의 팍스글러브 Foxglove 패브릭을 유난히 좋아해서 그 패브릭으로 온갖 종류의 가방은 다 만들어 들고 다녔다. 빅백과 작은 클러치백은 너무 자주 사용해 거의 닳아버려서 한 개씩 더 만들어 쓰고 있으며 낡아지면 또 만들 작정으로 아예 여분의 패브릭을 잘 모셔두고 있다. 똑같은 패브릭으로 똑같은 모양의 가방을 절대로 만들지 않는다는 나의 작업 원칙에 어긋나지만 어쩔 수 없다. 이 팍스글러브 패브릭의 매력은 대단해서 의자에 앉혀놓고 바라보기만 해도 기분이 참 좋다.

* 필립 제이콥스 Philip Jacobs : 현재 영국에서 활동 중인 텍스타일 디자이너.

누가 봐도 가을을 닮은 여인이 서 있다.
계절에 따라 확실하게 컬러를 즐길 수 있는 아이템 빅백.
가방 앞쪽에 커다랗고 충분히 깊은 세 개의 주머니가 보이는지.
주머니에 열광하는 취향의 당신이라면 분명 탐이 날 아이템일 것이다.

블루를 사랑하는 여인을 위한 빅백. 커다란 선인장 달리아가 한눈에 시원스럽게 들어오는 색감이 생동적이다. 가방의 블루보다 더 깊은 색감의 스커트와의 절묘한 조화가 눈부시다.

자신만의 스타일이 있음에도 문득 다른 취향이 마음을 설레게 하는 경우가 있다. 우연히 너무나 근사한 스타일의 누군가를 보고 마음을 쉽게 떨쳐내지 못하는. 이렇게 과감한 프린트의 패브릭백을 들고 외출에 나선다면 부러운 시선을 받는 기분 좋은 경험을 할지도 모른다. 때로는 다가와 묻는 사람들이 있다. "이 가방 어디에서 사셨어요?"

Everyday Stylish Bags

063

한겨울에 식물원 산책을 나섰다. 온실이 그리워져 라떼 한 잔을 들고 뛰쳐나갔다. 온실의 식물들에 듬뿍 물을 주었는지 초록의 색감이 높다란 유리 천장까지 가득했다. 식물의 싱싱한 세포에서 발산되는 에너지가 내 몸에 가득 채워지는 이 느낌. 수분 가득한 온실 안에서의 호흡은 참으로 편안하다. 무성한 이파리에 다가가 깊게 숨을 들이마시다 순간 강아지 별이 생각이 나서 웃음이 나왔다. 건지산을 오를 때 종횡무진하며 코를 공중으로 잔뜩 세우고 킁킁거리던 모습이 떠올랐기 때문. 식물원이나 건지산같이 그야말로 자연다운 자연 속으로 들어서면 평소에 신경도 안 쓰던 호흡이 즐거워진다. 지난번에 봤던 노란 천사의 나팔은 다 시들었지만 화단 한곳에 싱그러운 시클라멘 Cyclamen 이 뉴페이스로 다소곳이 자리 잡고 있었다. 함께 식물원 산책에 나선 제자 혜린이의 뺨도 수분 먹은 듯 무척이나 맑아 보였다.

문득 그리워지면 미루지 말고 꼭 그 자리 그곳을 찾아가 보라. 우리 마음에서 그리움이 요동칠 때 어쩌면 어떤 영감과 위로를 잠시라도 받고자 함일 수도 있으니, 미루지 말고 움직여보라고 권하고 싶다. 오늘 당신에게 밀려오는 그리움은 어떤 것인가?

- 식물원에서의 단상-

여전히 함께하는 오래된 가방

재봉틀에 완전히 익숙해지기 전에는 손바느질과 재봉틀을 교묘히 섞어서 작업하곤 했다. 자신 있는 부분은 재봉틀로 속도를 내고, 도저히 재봉틀로 해결할 수 없는 부분은 손바느질의 도움을 받아 원하는 모양의 가방이나 이불을 완성하던 시절. 이 가방은 그때 만들었던 것으로 적어도 10년의 세월은 지난 것이다. 살짝 바란 색감과 닳아진 모서리 덕분에 더욱 멋스러운 가방이 되었다.

깊고 풍성한 색감의 붉은 가방이 세월을 머금고 살포시 바래져 부드러운 인상을 뽐낸다. 패치워크 원단으로 이 가방을 만들 때 굉장히 집중해서 만들었다. 그 후로는 패브릭 그 자체의 아름다운 색감과 패턴을 살려 심플한 가방을 추구해왔지만 이 오래된 가방을 가만히 보고 있자니 또다시 패치워크 가방에 대한 사랑이 무섭게 달아오르는 듯하다. 아무래도 조만간 패치워크 가방 하나가 만들어질 것 같은 예감이다.

접시꽃이 가득 피어있는 패브릭을 보는 순간 이것저것 만들고 싶은 게 너무나 많이 떠올랐다. 그러나 슬프게도 이 패브릭은 남은 수량이 거의 없어서 2마도 간신히 구했다. 기본 스타일에 앞주머니를 깊게 만들고 가운데를 길게 한 줄로 박아 자연스레 주머니를 두 개로 만들었다. 부피가 있는 가방이지만 크로스로 메고 싶어서 어깨끈을 도톰히 하고 이렇게 하면 어깨가 덜 아프다 길이도 충분히 길게 하고 가방 안의 내용물이 쏟아지는 불상사를 피하기위해 지퍼도 달아주었다.

7년 전에 만든 가방이지만 너무도 말짱하다. 아끼다 보니 자주 들고 다니지도 않았고 거의 벽에 걸어두고 눈으로 즐기는 용도로 쓴 것이다. 패브릭 디자이너들은 가끔 이전 패브릭에 색감의 변화만 줘서 재출시하던데, 이 패브릭의 디자이너인 필립 제이콥스에게도 이를 제안해보고 싶다는 생각이 든다.

사랑스러운 캔디 컬러를 듬뿍 담고 있는 앙증맞은 사이즈의 가방을 자세히 들여다보니 정말 재미있다. 아직 재봉틀에 완전히 익숙하지 않은 시절에 만들었던 가방임이 틀림없다. 지금은 손바느질을 거의 하지 않기 때문에 손 퀼트 특유의 올록볼록한 느낌이 물씬 살아 있는 이 가방은 아주 초창기 시절에 만든 것이다. 처음 가정용 재봉틀을 구입하고 6년을 꾸준히 사용했지만 돌이켜보면 잔고장도 많았고 이루 말할 수 없는 답답함이 있었다. 아마도 성능이 그다지 좋지 않은 가정용 재봉틀이었기 때문인 것 같다. 공업용이 너무나도 투박해 보여 엄두가 나질 않았는데 작업 공간이 넓어지면서 공업용 중고 재봉틀을 구입한 후로 속 시원하게 빠른 속도로 작업할 수 있게 되었다.
가끔 거리에서 손 퀼트 가방을 들고 다니는 여인들을 보면 그 모습이 굉장히 정겨워 시선이 간다. 뭐든 손으로 직접 만든 물건이란 취향의 여부를 떠나 참으로 귀해 보인다. 말 그대로 한 땀 한 땀의 정성이 발산하는 매력 때문일 것이다. 이 자그마한 손 퀼트 가방은 나의 패브릭 작업 역사의 초창기에 해당하는 재미난 추억을 선사해주고 있다.

시간이 지나 더욱 깊어진 가방의 멋

전주 전동성당 전경

전주는 유서 깊은 장소가 많은 덕분에 언제부터인가 방문객이 끊이질 않는 도시가 되었다. 그중 한곳이 전동성당일 것이다. 이 아름다운 성당은 관광객이 많은 한옥마을 입구에 자리 잡고 있어서 근처에 주차하기란 거의 불가능하다. 한옥마을 도보 산책을 작정하고 왔기 때문에 차를 아예 고사동의 한적한 골목에 주차하고 든든하게 백팩을 멘 채 느릿느릿 걷기 시작했다. 걷다 보니 생각보다 짧은 거리구나 싶었다. 전동성당 앞에 서서 시계를 확인해보니 20분밖에 지나지 않았다. 아무래도 차로 돌아갈 때는 좀 더 돌아서 가야겠다.
오늘 나와 동행한 이 오래된 가방은 브라운 계열의 패브릭을 잔뜩 모아서 세로로 길게 1인치 반 간격으로 잘라 내키는 대로 이어 붙여 만들었다. 손바느질 느낌을 주지만 100% 재봉틀로만 작업했다. 앞쪽은 거의 진한 브라운 계열이고 뒤쪽은 진초록과 카키를 넣어 색의 변화를 주었다. 재봉틀에 좀 익숙해지고 자신감도 붙어서 한창 열심이던 시절에 작업한 가방이라 그때의 즐거웠던 기억을 떠올리게 해 준다.
낮의 햇볕이 따스해서 천천히 거닐기에 완벽한 오후다. 전동성당의 붉은 벽돌과 푸른 지붕이 하도 예뻐서 차분히 바라보게 된다. 그렇게 한참을 바라보면 가슴이 벅차오른다. 프라하의 구시가지에 있는 첨탑에 올라섰을 때 보이던 붉은 지붕과, 오사카 성에 올라 내려다본 짙은 민트색 지붕이 선명하게 오버랩 된다. 시간이 지날수록 더욱 깊어지고 아름다워지는 것들이 있다. 나의 패브릭 작업도 그러한 깊이를 가진 의미 있는 무언가가 되고 싶다.

전주 전동성당과 함께 한 오래된 가방

패브릭 지갑 마니아

작은 물건 만드는 일은 생각보다 손이 많이 가고 인내심도 요구된다. 맘에 드는 지갑 찾는 게 참으로 힘들어서 어쩔 수 없이 직접 만들게 되었다. 지갑에 들어가는 가짓수가 워낙 빈약하다 보니 작은 사이즈로 반절 접히거나 아니면 슬림하면서 지폐보다 살짝 큰 사이즈의 지갑이 필요했다. 나의 이런 요구 사항이 아주 간단하고 소박해 보이지만 실제로 사러 다니거나 인터넷을 뒤져도 원하는 사이즈의 지갑을 찾아내기 쉽지 않았다. 정확히 나와 같은 취향을 가진 캐나다인 친구 킬리가 나에게 지갑을 가장 먼저 주문한 인물이다.

"지폐 몇 장과 카드 3장 정도 넣을 수 있는 지갑이 필요해! 아, 그리고 동전을 넣을 지퍼 달린 주머니가 지갑 바깥쪽에 있으면 좋겠어."

그녀가 그려준 지갑은 거의 8cm의 정사각형 지갑이었다. 지폐 몇 장은 반으로 접어 넣겠다는 생각이었던 것이다. 흔쾌히 만들어주겠다 했지만 작은 물건 만들기가 어렵다는 걸 알기 때문에 내심 걱정스러웠다. 역시나 과정은 쉽지 않았다. 큰 가방보다 몇 배의 에너지가 드는 듯했다. 그래도 완성된 작고 귀여운 지갑을 본 킬리가 어찌나 좋아하던지. 그녀 덕분에 나도 직접 만든 패브릭 지갑을 지금까지 잘 사용하고 있다.

요즘이야말로 각종 케이스가 필요한 시대가 아닐까 한다. 물건만 사면 끝이 아니듯 그 물건을 넣을 수 있는 다양한 케이스가 또 다른 진열대에서 주인을 기다리고 있다. 넘쳐나는 케이스 판매대에서는 무엇을 고를까 고민하는 사람들이 서성인다.

천 가방을 만들고 난 후로 예전의 가죽 가방들은 다 사라져 버렸다. 심지어 스마트폰 케이스까지 직접 만들어 사용하며 과히 패브릭 핸드메이드 마니아다운 티를 내고 다녔다. 천 가방 속에서 나오는 또 다른 패브릭 케이스들. 내가 가장 아끼는 물건 중 하나가 휴대용 DVD 플레이어이다. 영화 보는 걸 좋아해서 가끔 이어폰을 꽂고 카페에 앉아 영화를 보는 즐거움을 누릴 때가 있다. 랩톱이며 스마트폰으로도 영화를 볼 수 있지만, 이 작은 7인치 화면의 플레이어에 어쩌다 애착을 갖게 된 후로는 호시탐탐 기회를 엿보다가 예상치 못한 여유 시간이 나게 되면 신속히 단골 카페로 향한다(혹시라도 작업실을 방문하는 누군가로 방해받지 않을 요량으로). 그래 봐야 일 년에 몇 번 손꼽을 정도로 누리는 호사이다. 이 작은 플레이어가 작동되는 게 너무 신기하고 귀여워 고장 나지 않고 오래 장수하길 바라는 마음에 도톰한 솜을 넣은 튼튼한 케이스를 만들어 주었다. 랩톱 케이스는 이미 몇 개 가지고 있지만, 그래도 욕심나는 패브릭이 생기면 10분 정도 투자해 이런저런 케이스를 뚝딱 하고 만들어낸다. 케이스는 보호의 용도이기도 하지만 기왕이면 보기에도 예쁘면 좋지 않을까 생각한다.

특별한 가방
_백팩 이야기

케이프 파셋	케이프 파셋의 아티스트로서의 경력은 화가에서부터 시작됐다. 20대 초반에 그렸던 그의 그림에는 눈에 띄는 놀라운 요소들이 발견된다. 집 안 풍경에 패치워크 테이블클로스가 장식되어 있다거나 조개껍질이나 도자기를 그린 그림 시리즈가 훗날 그의 텍스타일 아티스트로서의 작업과의 연관성을 보여주기도 한다. 자연의 아름다운 컬러를 끊임없이 표현하는 파셋은 유화에 이어서 모자이크, 털실, 니들포인트로 작업 영역을 확장시켰다. 1990년도 초반에 미국의 퀼터인 리자 프라이어 루시Liza Prior Lucy를 만나며 케이프 파셋의 패브릭 디자인이 시작됐고 오늘날까지 왕성한 활동을 하게 된 것이다. 그의 곁에는 스튜디오 매니저이자 텍스타일 아티스트인 브랜든 매블리 Brandon Mably가 늘 동행한다. 우연히 동네 거리에서 만나 눈인사를 나누다 인연이 되었다는 둘의 스토리는 마치 드라마 같다. 경력이나 배경에 상관없이 오직 누군가가 가진 감각과 잠재력을 우선시 여기는 케이프 파셋의 인격이 맺어준 인연인 것이다.

천으로 만든 백팩은 왠지 모르게 더 특별하다. 꽃무늬 백팩을 찾아 헤매다 포기하고 결국에는 직접 만들고야 말았다. 처음 백팩을 만들게 된 계기였다.
백팩을 만드는 과정은 손이 많이 가는 만큼 시간도 제법 걸린다. 가방을 하나 완성하면 도안을 만들어놔야지 생각하지만, 이상하게도 늘 생각으로만 끝나버린다. 아마 다음 작업에 온 마음이 집중되다 보니 훌쩍 잊어버리는 듯하다. 백팩을 만들기 전에 가지고 있는 백팩을 안쪽 바깥쪽 샅샅이 살피면서 이렇게 저렇게 방법을 모색하다 보면 만드는 과정이 나름 심플하게 요약되므로 반드시 도안이 필요한 건 아니다.
지금도 기억나는 것은 처음 백팩을 만들 때의 일이다. 조금은 무리일 수도 있지만 꼭 패치워크 스타일의 백팩을 만들고 싶었다. 그냥 한두 가지 패브릭으로 만들어도 좋으련만, 하필 패치워크 백팩을 원했으니 시간이 두 배는 더 걸렸을 것이다. 그래도 완성품을 보면 도전하길 잘했다는 생각이 드니 다행이다.
갈색 계열과 인디고블루의 원단을 섞어서 만든 백팩은 남자아이를 염두에 두고 만든 것이었다. 색에 편견이 없던 남자아이도 어느 순간 핑크나 레드 계열의 소품을 권하면 불편한 표정을 짓게 된다. 청소년기를 거치고도 한참 지나야 핑크나 레드의 끌림이 간신히 부활하는 듯하다. 꽃무늬라면 더욱 경계하는 남자아이들에게 컬러와 무늬에 편견을 갖지 말라는 얘기가 귀에 쏙 들어오진 않겠지만, 가끔 너무나도 과감한 컬러와 무늬를 즐기는 남자아이를 보고 오히려 내가 화들짝 놀랄 때가 있기도 하니 재미있다.
돌이켜보면 나에게 색감에 대한 눈을 뜨게 한 건 "컬러를 두려워하지 마세요."라는 케이프 파셋의 그 한 마디였고, 그 말은 나의 작업에 대변화를 가져왔다. 그 단순한 말이 너무나도 강력하게 와 닿아서 부정적인 얘기를 들어도 소심해지지 않고 줄곧 앞으로 정진할 수 있었다. 나도 색에 편견을 가진 아이들에게 말해주고 싶다.

"컬러를 두려워하지 말렴."

처음으로 만든 백팩을 특별히 기념하고 싶었는지 가방에 2009년도 날짜가 정성스레 수놓어 있다. 백팩에 작은 크로스백을 메고 다니는 게 나의 여행 스타일이다. 가끔 일상의 지루함이나 누적된 피곤함을 달래기 위해서는 미리 계획해 둔 여행에 대한 설렘이 최고인 듯하다. 여행 갈 때마다 크로스백을 새로 만들고 백팩을 챙긴다. 마침 다음번 예정된 여행을 생각하니 슬그머니 마음이 설레기 시작한다. 이번에는 어떤 색깔의 패브릭으로 크로스백을 만들까? 그리고 어떤 백팩을 메고 갈까? 즐거운 고민이다.

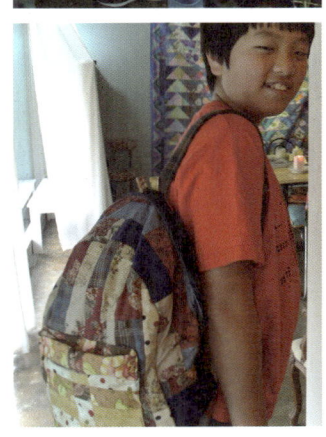

Everyday Stylish Bags

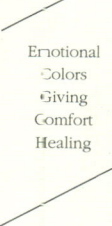

3

Emotional
Colors
Giving
Comfort
Healing

위로의 컬러
—
친숙한 공간 속의 소품들

Emotional Colors Giving Comfort Healing

포근함
_기대고 싶은 쿠션

쿠션이 좋다. 피곤한 몸을 기대도록 허용하는 그 포근함. 그래서 침대며 소파며 어디든 쿠션이 넘쳐난다. 정사각형, 직사각형, 작은 크기, 중간 크기, 아주 큼지막한 것까지 각양각색의 쿠션들. 이러니 쿠션과 베개의 경계가 모호해진다. 살짝 숨죽어 납작해진 쿠션은 베개로 쓰이기도 한다. 나는 낮은 베개를 무척 좋아한다. 가끔 내키면 쿠션과 베개 커버를 여러 장 만들어 선반에 쌓아두고 눈으로 힐끗 보며 만족스러워한다. 커버만큼은 자주 갈아주는 편인데 기분 전환에도 효과적이다.

진안 운일암 반일암

Emotional Colors Giving Comfort Healing

Emotional Colors Giving Comfort Healing

직접 염색한 컬러는 바라볼수록 참으로 오묘하다.

색종이처럼 균일한 컬러가 아니어서 그런 걸까?

살며시 색감의 깊이가 달라지는 그 경계가 신비롭다.

다홍색과 만난 상큼한 초록은 바람개비가 되어 쿠션으로 태어났다.

Emotional Colors Giving Comfort Healing

불현듯 떠오른 아이디어를 다양한 컬러로 시도할 때 쿠션만큼 좋은 게 없다. 마음껏 잘라 벽에 붙이다 보면 이전과 비슷하면서도 다른 느낌의 패치워크가 펼쳐진다. 혹여 열정이 사라져 버릴까 민첩하게 조각을 배열해야 해서 시간을 확인하거나 마른 목을 축일 겨를도 없다. 작업이 무르익으면 차분한 조명을 더 어둡게 하고 멀리서 바라보는 시간이 참 좋다.

다음 날 아침, 작업실에 들어설 때 자연광으로 보이는 지난밤 작업의 결과물이 참으로 흐뭇하다. 다이아몬드 패턴에 변화를 주고 싶어 상큼한 꽃무늬 패브릭과 어울리는 단색 패브릭을 선택해 패치워크를 시도해보았다. 45도의 각을 60도 각으로 하여 조금 더 날렵한 다이아몬드로 변형하되 길이는 조금 짧게 해서 더 많은 조각이 들어가게 배치했다. 쿠션의 뒷지를 단색으로 해도 무난하지만 뒷모습의 단조로움을 피하고자 패브릭을 길게 잘라 심플하게 만들었다. 이렇게 하면 쿠션을 앞뒤로 활용할 수 있다.

Emotional Colors Giving Comfort Healing

하루는 알레산드로 멘디니*에 대한 책을 읽다가 영감의 한 조각을 발견했다. 다이아몬드 패턴은 일견 평범해 보이지만 그만의 독특한 컬러 배치가 더해져 시선을 오래도록 잡아끈다. 나는 멘디니의 다이아몬드 패턴에 패브릭을 씌워서 상상해보았다. 그리고 두근거림이 사라져버리기 전에 즉시 작업으로 옮겼다.

* 알레산드로 멘디니Alessandro Mendini, 1932. 8. 16~ : 이탈리아의 디자이너이자 건축가.

A Series of Floral Vase Cushion

아이디어는 잠들기 전에도 떠오를 수 있다. 바로 스케치나 메모로 남겨두면 나중에 작업으로 이어지기도 하고 아니면 그냥 기억에서 사라지기도 한다. 그런데, 그런 밤도 있다. 지금이 아니면 안 될 것 같은 밤. 지나고 보면 다음 날 아침부터 작업에 들어가도 되지 않았을까 싶긴 한데 굳이 그 늦은 시간에 차를 끌고 작업실에 달려가서 기어이 천 조각을 자르고 벽에 붙여보고 재봉틀을 붙드는 등의 조용한 새벽 작업을 할 때가 있다.
늘 보던 널찍한 도자기 그릇에 아이디어가 떠올라 그 밤중에 작업실로 달려가다니. 패치워크 작업을 한 지 15년이 넘어가는데 아직도 이런 두근거리는 순간이 있다는 게 사실 싫지 않다.

꽃병 쿠션을 위한 아플리케 가이드

준비물 솔리드 패브릭 1마 가로세로 90cm, 꽃무늬 패브릭 1/4마, 의류용 접착심, 가위, 시침핀, 수성펜 또는 연필, 다리미

1 두 가지 종류의 패브릭을 준비한다.
2 꽃병 모양을 두꺼운 종이에 그려서 오린다.
3 얇은 접착심을 꽃무늬 패브릭 겉감에 대고 항아리 패턴을 그린 뒤 시침핀으로 네 군데 정도 고정시킨다.
4 재봉틀로 천천히 라인을 따라 박아준다. 조심스럽다면 손바느질로 해도 좋다.
5 항아리 둘레를 박은 다음 라인을 따라 1cm 시접분을 남기고 깔끔하게 잘라준다. 3cm 간격으로 항아리 선을 따라 가위집을 내고 접착심 중심부에 6cm가량 커팅을 해 뒤집어 꾹꾹 눌러 다림질한다.
6 시침핀으로 솔리드 패브릭에 항아리를 고정한다. 재봉틀로혹은 손바느질로 천천히 라인을 따라 박아준다.

Emotional Colors Giving Comfort Healing

침대 혹은 소파 위에 놓인 쿠션. 안아도 보고 기대도 본다. 쿠션은 어느 때나 그 자리에서 우리를 위로해준다. 그래서 하나로는 충분하지 않다. 머리가 푹 파묻히는 푹신한 쿠션이 왼쪽 오른쪽 손닿는 곳 어디에나 있는 그런 풍경을 원한다.
거실, 침실 아니면 작업실 등의 공간에 소파가 있다면 쿠션이 어떤 컬러를 입고 있는지 눈여겨보라. 피곤한 몸을 안길 수 있고, 무거운 생각으로 가득 찬 머리를 맡길 수 있는 쿠션 하나가 의외로 훌륭한 역할을 한다. 그런 쿠션에 여러 가지 컬러를 입혀보는 건 어떠할지. 힐링이 필요할 때 더 선명히 다가오는 그런 컬러가 있다. 우리에게 무언의 에너지를 전달해주는, 그래서 바라보면 마음이 끌려 저절로 손이 가서 만지게 되는 힘이 컬러에 분명 내재되어 있다.

이불과 베개 그리고 쿠션이 있는 침대 풍경

무심하게 놓인 쿠션 하나.
한의원 한 귀퉁이에서 방문자들의 눈에 즐거움이
되어줄 것이다.

바람개비 블록 하나를 쿠션에 응용

Emotional Colors Giving Comfort Healing

재민 씨로부터 전화가 왔다. 무슨 일일까 궁금했다. 재민 씨는 독서 모임의 동지인데 듬직한 체격만큼이나 마음씨도 넉넉하고 책임감도 강한 성격의 예의 바른 30대 싱글남이다. 늦은 나이에 새 전공을 시작해 이제 졸업을 코앞에 둔 대학생.
"어머니 생신이 곧 다가와서 선물을 주문하고 싶어요. 평소 다리가 아프셔서 쿠션에 다리를 올려놓고 쉬시는데 이왕이면 예쁜 쿠션이 좋을 것 같아서……."
전화 통화를 끝내고 마음이 참으로 흐뭇했다. 어머니께 드리는 아들의 선물이라. 연세가 있으시니 강렬하고 산뜻한 색감으로 부탁하는 재민 씨가 참 다정다감한 사람이라는 생각이 들었다.

쿠션과 더불어 깊은 블루 계열의 파우치도 준비했다. 재민 씨의 효성에 반한 나의 작은 선물인데 레드 계열의 쿠션과 잘 어울리는 조합인 듯하다. 문득 우리 어머니가 떠올랐다. 어느 날 내 가방이 어머니의 맘에 몹시 드셨는지, "가방이 참 이쁘다… 이쁘다…"를 몇 번이나 반복하시며 이쪽저쪽 가방을 살피셨다.
그 자리에서 바로 가방을 비워서 드렸다. 비닐봉지에 소지품을 담아서 나오는 길이지만 마음은 한없이 충만했다. 가방이야 또 만들면 되니까.

- 크리스마스를 앞둔 카페에서의 단상 -

Emotional Colors Giving Comfort Healing

색을 입은 의자
_커버링 이야기 1

평범한 사무용 의자가 관심을 듬뿍 받게 되었다.

Emotional Colors Giving Comfort Healing

상큼한 베고니아 이파리가 의자를 우아하게 장식하고 있다.
사람들은 앉기 전 가만히 서서 자신이 앉을 의자를 바라보게 되었다.

Emotional Colors Giving Comfort Healing

나는 다양한 의자를 가지고 있지만 구입한 건 많지 않다. 버려진 의자를 손질하거나 재활용 매장에서 저렴하게 가져오는 경우가 대부분이다. 나무 의자를 특히 좋아하지만 모든 의자가 나무이길 원하지 않는다. 가벼운 의자를 여분으로 가지고 있으면 유용하게 쓸 수 있다.
매일 사용하는 의자에 컬러를 입혀보자. 흔하고 평범한 사무용 의자를 가지고 있다면 더욱 권하고 싶다. 완전히 다른 모습으로 태어나는 의자를 보게 되면 결코 하나만으로는 만족하지 못할 것이다.

의자 커버링

준비물 사무용 의자, 자투리 원단, 전동 드라이버, 공업용 스테이플러

자투리 원단의 활용은 정말 요긴해서 작은 조각도 버리지 않고 박스에 보관해둔다. 이 평범한 의자는 3개의 면을 자투리 원단으로 커버링하자 완전히 다른 의자로 변신했다. 시간과 노력이 아무래도 몇 배 더 들긴 하지만 결과물을 보면 흐뭇할 것이다.
처음 의자 커버링 작업을 할 때 일반 드라이버를 사용했는데 손이 아프기도 하고 이 작업은 앞으로도 계속하게 될 것 같아서 아예 전동 드라이버를 장만해뒀다. 그 후로 커버링 작업이 한결 수월해졌다.
누구에게 질문해서 배우기보다는 늘 스스로 관찰하고 시도하면서 방법을 터득하다 보면 결국 내 것으로 완전히 소화할 수 있는 것 같다. 의자 커버링도 수없이 반복한 작업 중 하나이다. 내 곁을 떠난 수많은 의자가 지금 어떤 공간에 놓여있을지 궁금하다.

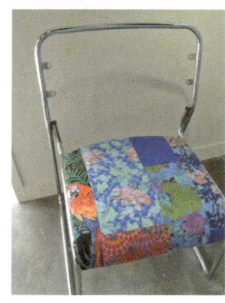

Emotional Colors Giving Comfort Healing

가족이 사는 집에는 그 집만의 고유한 분위기가 흐른다. 이웃인 태웅이네 집에는 달콤한 모과 향처럼 사랑스러운 색감이 과하지 않게 조화를 이룬다. 그곳에 내가 언제 만들었는지 기억도 가물거리는 의자 세 개가 놓여 있다. 거실 한편에 자리한 이 반가운 의자들은 아이가 셋인 태웅이네 집에서 아주 유용하게 쓰일 것이다.

색을 입은 의자
_커버링 이야기 2

이 자그마한 스툴은 본래 검은색이었다. 나의 손을 거쳐 화사한 색채를 입고 골목의 한 카페에 놓이게 되었다. 코너에 예쁘게 커버링해서 씌워 놓은 스툴은 바라만 봐도 흐뭇하고 그 자체로 훌륭한 소품이 되기도 한다. 여러 명의 손님이 올 경우를 대비해 작은 스툴을 준비해두면 유용하게 쓰일 수 있다. 카페에 선물한 이 스툴을 아마도 수많은 사람이 즐겼으리라. 자연스레 낡아진 모습이 진심으로 사랑스러웠다.

Emotional Colors Giving Comfort Healing

함박눈 쏟아지던 날 작업실 앞에 회색 자가용 한 대가 머문다. 차 주인은 뒷좌석에서 낡은 사무용 의자 하나를 꺼냈다. 문득 입가에 작은 미소가 떠오른다. 며칠 전 나의 작업실에서 커버링 된 사무용 의자를 보고 구석 어딘가에 방치돼 있던 자신의 의자를 생각해냈을 그녀의 모습이 연상되었기 때문이다. 그리고 그다음 주, 우리는 커버링이 끝난 의자를 바라보며 담소를 나누었다.
"너~무 예뻐요!" 하며 연신 감탄하는 그녀의 상냥한 웃음이 의자의 화사함과 무척 잘 어울렸다.

커피를 즐기기도 하지만 카페 가는 것 자체를 좋아한다. 카페는 휴식 겸 혼자서 책 보러 자주 가는데 행동반경에 따라 나만의 아지트를 몇 군데 확보해놓아야 안심이 될 정도다. 오늘은 지인이 카페를 오픈했다는 소식에 나의 강아지 별이와 함께 들렀다. 단정하게 인테리어 된 카페 내부를 둘러보다 그곳에 내가 예전에 선물했던 초록색 스툴이 놓여있는 걸 보니 내심 마음이 흐뭇해졌다. 전에는 미처 몰랐는데 선물이라는 것도 덥석 주기 조심스럽다는 생각이 든다. 내 맘에 드는 물건이라고 해서 꼭 상대가 좋아해 줄지 확신할 수도 없고 괜히 부담만 주는 선물은 아닌가 하는 소심함이 생겼다. 그러니 오늘처럼 불쑥 찾아간 날, 나의 옛 작업물이 쓸모 있는 용도로 공간에 자리하고 있는 걸 보았으니 반가울 수밖에.

Emotional Colors Giving Comfort Healing

의자 커버링 작업을 한다는 소문을 들으셨는지 아니면 새로운 도전을 즐기는 나의 성격을 잘 아시기 때문인지, 한 지인분께서 20년 된 골동품이라며 의자 두 개를 보내셨다. 잘 보니 가깝게 지내는 선생님 화실에 있는 의자랑 똑같은 것이었다. 어쩐지 낯설어 보이지가 않더라니. 이 의자에 어떤 색을 입혀볼까, 리넨 원단 세 개를 차례로 올려보고 큰일이다 싶었다. 어떤 색이든 참 잘 어울렸기 때문. 모두가 다 마법처럼 근사했기에 고민하다가 마침내 짙은 회색 원단을 선택했다.
20년 동안 바싹 말라버린 스펀지를 새것으로 바꾸고 오래된 의자에 새 옷을 입혀주었다. 가만히 앉아보니 느낌이 산뜻하다. 새 컬러를 입은 의자와 또 다른 20년을 함께하면 좋겠다.

평범함에 컬러를 더한
_그러한 앞치마를 권함

가능하면 아름다운 앞치마를 두르라고 권유하고 싶다. 너무 실용성만을 강조한 앞치마는 요리하고 청소하는, 그야말로 일하는 용도로만 느껴질 수 있으니. 색감이 예쁘고 본인의 스타일에도 어울리는 앞치마를 두르면 일을 할 때 한결 기분이 좋으며 보는 사람들의 눈에도 즐거움을 더해줄 수 있다.

언젠가 서울에서 활동하는 한 플로리스트에게서 연락이 왔다. 직업상 늘 앞치마가 필요하기에 멋진 앞치마를 주문하고 싶다고. 아마도 그녀 자신을 위한 생일 선물이었던 것 같다. 그녀가 주문한 앞치마는 목 끈의 길이 조정이 가능하며 엉덩이 부분이 완전히 가려지는 스타일이었다. 그리고 최대한 질긴 검은 천 바탕에 눈부시게 강렬한 패브릭으로 만든 큰 주머니를 달아 달라고 당부했다. 이렇게 자신이 원하는 스타일을 세심하게 알려주는 그녀가 무척 매력적으로 느껴졌다. 때로 "알아서 해주세요."라는 말을 하고는 막상 작업 결과를 보고 이런저런 아쉬움을 나타내는 이들도 있다. 무엇을 어떻게 할지 이야기를 나누다 보면 충분히 조율할 수 있고 무엇보다 서로가 친근하게 느껴진다. 그러면 마치 주문자가 친구처럼 느껴져 더욱 정성을 쏟게 되는 것 같다.

Emotional Colors Giving Comfort Healing

나는 원피스형 앞치마보다 스커트형 앞치마를 선호하는 편이다. 심플한 디자인의 앞치마도 많이 가지고 있지만 가끔은 풍성하게 퍼져서 앞에서 보면 꼭 스커트를 입은 것 같은 모습을 특히 좋아해 다양한 컬러로 만들어 사용한다. 앞치마를 만들 때 패턴은 굳이 필요 없다.
어느 집에나 앞치마 하나쯤은 있을 것이다. 원피스형 앞치마는 세로로 반을 접으면 간단하게 패턴을 얻을 수 있다. 반으로 접은 앞치마를 종이 위에 두고 따라 그린 후 긴 자로 깔끔하게 선을 정리한다. 길이를 좀 더 늘이고 싶으면 옆으로 아래로 원하는 만큼 늘이면 된다. 끈 길이도 마찬가지로 더 가늘게, 더 넓게, 더 길게, 더 짧게 등 무엇이든 내키는 대로 패턴에 의지하지 않고 자유로운 작업이 가능하다.
10수 원단의 아주 도톰한 붉은 리넨 앞치마. 리넨은 헤지도록 사용해도 매력을 잃지 않는다. 자연스럽게 주름이 생기고 사용할수록 부드러워지기 때문에 자주 사용되는 소재이다. 단색 앞치마에 딱 한 조각의 강렬한 패브릭을 주머니로 달아 앞치마를 돋보이게 한다.
리처드 세넷의 책 『장인 The Craftsman』의 부제가 '현대문명이 잃어버린 생각하는 손'이다. 취미로 무언가를 만드는 것부터 전문 아티스트로 활동하는 것 전반에 걸쳐진 핸드메이드의 진수는 손을 통해 그 무언가를 표현하는 것에 있지 않나 싶다. 눈과 귀, 촉감 등 우리 몸 감각기관의 촉을 세우고 진지하게 집중해보라. 그 과정 자체가 바로 기쁨이 된다. 서툴고 귀찮다고 방치해두지 말고, 한 번쯤 관용을 베풀어서 당신의 손이 무언가를 만들어 낼 수 있도록 기회를 줘보면 어떨까?

Emotional Colors Giving Comfort Healing

Emotional Colors Giving Comfort Healing

눈부터 즐거운 테이블
_다양한 플레이스 매트

나의 작업실에는 어쩌면 과도하게 컬러가 넘칠지도 모른다. 마음 내키는 대로 설치했다가 다시 걸어내기도 하고, 꽃을 한 아름 두어 기분 전환하거나 혹은 패브릭 원단 3마를 그대로 벽에 설치해서 길게 늘어뜨리기도 한다. 조금은 자유분방하게 두고 보는 재미를 참 좋아한다.
집에서는 주로 작은 소품들이 활약한다. 맛있는 음식을 멋스러운 그릇에 담는 센스도 중요하지만 좀 더 감각을 보태서 플레이스 매트나 러그를 활용하면 더욱 활기찬 분위기를 만들 수 있다. 무엇보다 작업할 때 쏟아지는 자투리 원단을 제대로 활용할 수 있는 방법이 바로 이 플레이스 매트와 러그이다.

Emotional Colors Giving Comfort Healing

자투리 원단이 너무도 훌륭하게 변신하니
이게 바로 작은 조각도 쉽게 버릴 수 없는
이유이다. 내가 늘 강조하고 싶은 것은 패턴에
의지하지 말고 머릿속에 떠오르는 이미지나
아이디어를 좇아가며 작업하라는 것이다.
자투리 원단의 길이 역시 들쑥날쑥하기 마련
이니 즉흥성을 즐기며 작업해보길 바란다.

Emotional Colors Giving Comfort Healing

자투리 원단으로 만든 플레이스 매트

Emotional Colors Giving Comfort Healing

도톰한 광목을 보라색으로 염색했다. 우연히 시작하게 된 염색에서 많은 걸 배울 수 있었다. 완벽하게 염색된 원단보다는 좀 더 자연스러운 느낌의 단색 원단을 직접 만들어 보자 하여 시작한 염색이었다. 몇 번의 실패를 겪으며 저절로 깨닫고 조금씩 더 나아지는 건, 어느 작업에나 마찬가지라서 그 원리가 신기하다.

한 패브릭으로만 플레이스 매트를 만들어도 아주 멋스럽다. 뒷지는 도톰한 코튼이나 리넨을 사용하면 살짝 무게감이 생겨서 사용하기 더욱 좋다. 길이를 2배 혹은 3배 정도 늘리면 손쉽게 러그로도 만들 수 있다. 플레이스 매트를 여러 장 가지고 있으면 그 쓰임새가 생각보다 다양하다는 걸 느끼고 더 갖고 싶어질 게 분명하다.

Emotional Colors Giving Comfort Healing

도자기가 놓인 풍경

녹차 밭에서 갓 따온 녹차꽃으로 꾸며진 소소한 풍경

무엇이 더 중요하다고 말하기 곤란할 때가 있다. 예를 들어 식탁을 꾸밀 때 음식을 담는 그릇도 중요하지만, 그릇이 놓일 테이블의 꾸밈 역시 중요하다. 꽃이 든 꽃병을 두었을 뿐인데 테이블이 돋보이기도 하고, 혹은 플레이스 매트와 도자기 그릇의 조화 하나만으로 음식을 먹기 전 행복한 탄성을 쏟아내기도 한다. 조화의 흐름은 이렇다. 꽃과 화병의 조화, 음식과 그릇의 조화, 그리고 테이블을 더욱 풍요롭게 하는 플레이스 매트나 러그의 전체적인 조화로움.

나는 주로 패브릭 소품은 직접 만들고 화병과 그릇은 여행지에서 조금씩 구입해 여러 해에 걸쳐 모아 두었다. 여행 가방 속에 조심스레 담겨 무사히 나의 작업실까지 온 다양한 도자기는 여행의 추억을 고스란히 담고 있어 바라볼 때마다 그때의 이국적인 풍경이 떠오른다. 커피를 마셔도, 빵을 먹어도, 꽃을 꽂아도 사방이 온통 추억의 흔적이 된다.

Emotional Colors Giving Comfort Healing

미국 캘리포니아주 새크라멘토에 있는 앤티크 숍

2015년 2월, 나는 샌프란시스코를 집중적으로 탐험하는 여행을 하고 있었다. 미술관을 느긋하게 구경하고 가파른 골목골목을 누비다 다리가 아프면 공원에서 쉬고 배고프면 파머스 마켓에 가서 신선한 커피와 빵을 사 먹었다. 또 버스를 타고 금문교에 가서 앨커트래즈 섬을 내려다보며 다리 끝까지 걸어보기도 하고 바다 쪽에서 시작하는 1번가부터 7번가까지 샅샅이 탐구하는 등 한국에서의 상상을 실천하는 그런 여행을 하고 있었다.

그러던 중, 갑자기 이틀 정도 샌프란시스코 외곽으로 빠져 보고 싶은 생각이 들었다. 야생의 바다도 가까이에서 느끼고 싶고 국도를 달리며 캘리포니아의 자연을 즐기고 싶었다. 그렇게 새크라멘토를 가는 길은 생각보다 멀었지만 예상치 못한 수확도 있었다. 마치 19세기 말로 되돌아간 듯한 마을에서 잠시 쉬어가게 되었는데 앤티크 간판이 눈에 띄어 들어간 가게에는 정말로 오래된 도자기와 여러 소품이 가득했다. 인상 좋은 가게 아저씨는 미군 생활을 하던 시기에 한국에서 2년간 머물렀다며 아직 기억하는 간단한 한국말을 나에게 건넸다. 내가 한국인이어서 반가웠는지 할인도 더 해주어서 무척 감사했던 기억이 이 화병을 볼 때마다 떠오른다.

Emotional Colors Giving Comfort Healing

코발트블루빛이 아름다운 도자기들. 깊은 색감에 취하고 아름다운 곡선에 매료된다.
스페인 남부지방으로 진입하자마자 눈에 띄는 꽃무늬 화병을 보며 탄성.
"바로 내가 찾던 화병이야!"

4

On the Way
to the
Inspiration

산책
나가는 길

은은한 매력
_스커트 예찬

프릴이 잔뜩 들어간 섬세한 스커트가 욕심날 때가 있다. 원하는 스커트를 머릿속에 저장하고 아무리 가게를 헤매도 비슷한 스타일의 옷을 찾아내기란 쉽지 않다. 그러다 우연히 오래된 빈티지 가게에서 프릴 잔뜩 들어간 스커트를 발견! 즉각 해부해서 직접 만들어보았다. 완성하고 보니 만족스럽다. 가만히 서 있으면 프릴이 잔잔하게 떨어진다. 걸음을 내디디면 프릴이 사방으로 나풀거리며 상당히 로맨틱한 분위기가 연출된다.
어느 날 동화 작가이자 삽화가이며 가드너인 타샤 튜더Tasha Tudor의 에세이집이 눈에 들어왔다. 19세기 풍의 드레스를 입고 아끼는 앤티크 잔에 홍차를 마시며 오후 햇살을 즐기는 타샤의 ㅅ-진이 인상적이었다. 평소에도 롱스커트를 고집하는 그녀는 롱스커트가 거추장스러운 옷이 아니며, 오히려 굉장히 편하면서도 은은한 매력이 있다고 말했다. 그 당시 나도 롱스커트를 즐겨 입던 터라 타샤의 말이 반갑게 와 닿았다. 스커트는 주로 길게 입는 걸 좋아하는 편이고 주름이 풍성한 스커트를 더 선호한다. 허리에는 도톰한 고무밴드나 지퍼를 달아서 깔끔하게 허리선을 살려주는 스타일 또한 멋스럽다.

대학 1학년 때 청바지를 일부러 거칠게 찢어서 안쪽에 천을 덧대서 입고 다녔다. 그 후로 찢어진 청바지가 유행하자 내심 '나도 안목 있는 패션리더 아닌가'라는 생각에 혼자서 좋아했다. 주로 데님 소재를 좋아했던 시절이라 청바지, 청남방, 청재킷 등 비슷하지만 각기 다른 개성이 있는 옷이 대부분이었다. 예를 들어 청남방이 다 비슷하게 보이지만 색깔이나 재질, 길이 등에 따라 차이가 있다.

스커트를 입기 시작한 건 그 후 대학원을 다니던 때부터였다. 대학원 조교에 걸맞게 나름 예의 바른 옷을 입어보자는 의도였는지 단정한 이미지를 고수했다. 구두에 심플한 가죽 가방과 깔끔하게 떨어지는 스커트와 재킷, 코트를 입었던 시절이다. 가끔 대학원 시절 사진을 보면 웃음이 나온다. 지금은 가죽 가방 하나 없고 오직 패브릭백과 플랫슈즈나 가벼운 스니커즈뿐이다. 그래도 중요한 행사에 참여할 경우를 대비해 굽이 낮은 구두를 준비해 놓긴 했다. 이렇게 지금의 스타일로 자리 잡기 시작했던 때가 아마 헨리 데이비드 소로Henry David Thoreau의 『월든』, 쓰지 신이치의 『슬로 라이프』를 접하고부터였을 것이다. 그 책들을 읽고 나서 심플하고 편안한 옷을 입고 싶던 설렘이 기억난다. 처음에는 간단한 실내복을 만들어 보았다. 패턴이 따로 있는 게 아니어서 가지고 있는 낡은 옷을 일일이 해부해서 패턴을 만들었다. 옷을 만드는 과정은 가방이나 이불과 완전히 다르다. 정확한 패턴에 정확한 재봉 실력이 요구된다. 그러나 다행히도 편하게 입을 수 있는 실내복 반바지나 롱스커트는 그리 까다로운 편이 아니다.

한번은 작업실 바로 옆 주차장 공간에서 야외전시회를 한 적이 있었다. 적당한 볼륨의 잔잔한 재즈 음악을 틀어 놓았다. 자그마한 화단의 이름 모를 나무에 초록빛 잎사귀가 무성하여 여름의 오후를 상큼하게 해주었다. 그곳에서 지금은 가까운 지인이 된 그녀를 처음 만났다. 키가 크고 탐스러운 긴 머리를 우아하게 연출하는 그녀가 나는 첫눈에 맘에 들었다. 대화가 편안하게 이어졌고 우리는 아주 자연스럽게 친해지게 되었다.
지난여름, 그녀가 뉴욕에 다녀온다며 뉴욕의 분위기와 어울리는 롱스커트를 주문했다. 패브릭과 디자인을 상의하는 내내 즐거웠다. 그녀는 랩스커트를 원했지만 선택한 패브릭의 양이 충분하지 않아서 랩스커트 느낌이 나도록 스타일에 허리 옆 라인에서 늘어뜨리는 기다랗고 폭이 넓은 끈을 달았다.
특별한 여행이나 소중한 순간을 위하여 뭔가를 준비하는 건 가슴 뛰는 일이다. 내가 여행을 갈 때마다 크로스백을 새로 만드는 것도 아마 같은 이유일 것이다.

종아리 중간쯤 떨어지는 길이의 스커트를 입으면 굉장히 편안하고 멋스러워 롱스커트만큼이나 좋아한다. 허리에 주름을 넣는 스타일에 변화를 주어 아랫자락까지 떨어지는 느낌을 다르게 연출할 수 있다.
또한 허리에 주름이 풍성하면서 주머니가 있는 스커트도 굉장히 자주 입는데, 주머니가 없으면 어떨 땐 손이 허전할 때가 있기 때문이다. 그래서 무언가를 굳이 주머니에 넣지 않아도 꼭 주머니가 있어야 한다.

비가 부슬부슬 정겹게 내리는 어느 날 오후.

반가운 선생님과 마주하고 커피 한잔 하면서 몇 주 동안의 공백을 채워나가는 대화가 내내 즐겁다.

친하니까 좋아하니까 그래서 더 가끔 본다.

어느 정도 간격을 두고 만나면 설렘이 더해져 이야기가 지칠 줄 모른다.

선생님이 최근에 작업한 사진을 보며 유쾌한 웃음과 찬성이 이어진다.

때로는 응원해주는 목소리가 그리울 때가 있는 법.

가까이에 작업한 결과물을 보며 편안하게 이야기 나눌 수 있는 선생님이 계셔서 늘 든든하고 큰 힘이 된다.

가을의 오후에 선생님께서 귀한 사진 한 장 남겨주시고 가셨다.

On the Way to the Inspiration

가지고 있는 검정원피스의 디자인을 응용해서 만들어보았다. 검정원피스는 목 부분이 스탠딩 칼라처럼 살짝 올라와 있고 목 진동 둘레도 좁다. 개인적으로 목 부분이 시원스레 파인 걸 좋아하는지라 목을 좀 더 깊고 넓게 확장했다. 원피스 아랫단도 조금 변화를 주어 앞쪽보다 뒤쪽을 좀 더 길게 만들었다. 자주 입지는 않지만 가끔 기분 전환을 위해 컬러풀한 색감이 내킬 때 입기에 그만이다. 가을에는 카멜색 리넨 코트나 리넨 재킷을 걸쳐 입어주면 그야말로 세련됨이 물씬 풍긴다. 물론 나의 취향이지만.

특별한 셔츠를 입고 싶은 그러한 날을 위하여

나의 옷장에서 제법 비중을 차지하는 아이템이 셔츠이다. 셔츠는 사계절 내내 매우 유용한 아이템이다. 가장 선호하는 셔츠는 데님 셔츠고 그다음은 리넨 셔츠인데 주로 스커트나 청바지와 함께 입는다. 가끔 그런 기분이 들 때가 있다. 프린트가 근사한 패브릭의 셔츠를 입고 싶은. 단 한 장의 셔츠로 스타일이 깔끔하게 마무리될 수 있는 셔츠. 보라색이 돋보이는 제라늄 이파리를 모티브로 한 패브릭은 보자마자 검정스커트와 함께 입으면 제격이겠다는 생각이 들었다. 소매와 목둘레 안쪽에는 워터 컬러의 보라색을 매치해서 단정한 느낌을 주었다. 자주 입지는 않지만 이 보라색 제라늄 셔츠가 꼭 어울리는 그러한 날이 있다.

On the Way to the Inspiration

언제나 그렇다. 패브릭을 보는 순간 "아! 이 패브릭으로는 가방을 만들면 좋겠다!"라는 말이 나온다. 구체적인 가방의 사이즈까지 떠오른다. 사진 속 셔츠의 패브릭을 처음 본 게 아마도 7년 전이었다. 케이프 파셋 특유의 화려한 색감의 패브릭에 비하여 다소 수줍은 파스텔 톤을 하고 있었다. 가만히 들여다보다가 셔츠를 만들어야겠다는 결정을 내렸다. 은은한 분홍빛과 연둣빛이 잘 어우러진 빈티지한 느낌이 강한 패브릭은 간신히 셔츠 하나 만들 분량이었다. 봄날에 청치마나 청바지와 기분 좋게 입고 외출할 수 있는 아끼는 셔츠 중 하나이다.

어느 해 추운 겨울날 케이프 파셋의 워크숍에 참석하기 위해 서울에서 이틀을 보냈다. 영하 8도로 기억하는 추위가 무색할 정도로 케이프 파셋을 만난다는 설렘에 가슴은 마냥 뜨거웠다. 영어를 할 수 있다는 사실에 주최 측에서 배려를 해주어 케이프와 브랜든과의 이틀 일정을 가까이에서 함께했다.

마지막 날엔 채식 식단이 근사했던 사찰음식 정찬을 함께하고, 명동거리를 잠시 산책했다. 넥타이가게 앞에서 쇼윈도를 조용히 바라보던 케이프가 상당히 재미있다는 표정을 짓더니 사진 한 장을 찍어보라고 브랜든에게 얘기했다. 쇼윈도에 3단으로 진열된 넥타이 디스플레이는 언젠가 그의 창작물에 응용될 것이다.

또한 택시를 타고 이동할 때, 창밖으로
보이는 도시 풍경을 보면서 눈에 띄는
재미있는 디자인이나 구조물에 대해
즐거운 대화를 끊임없이 나누는 모습이
인상적이었다. 그 당시 나는 사실 서울
풍경이 별 매력이 없다고 생각했던 터라
그들이 나누는 대화가 너무나도
놀라웠다. 지하철을 타거나 버스를
타거나 창밖으로 들어오는 풍경이 너무나
딱딱해서 지루하다고만 생각했는데.
같은 풍경을 보며 다른 해석을 하는
케이프에게 큰 가르침을 받은 셈이다.

이틀 동안 케이프와 브랜든은 자신들의
패브릭으로 만든 셔츠를 입고 있었다.
멀리서도 눈에 띄는 근사한 셔츠였다.
살짝 개구쟁이 기질이 있는 브랜든은
바지 밑단을 들어 올려 자신의 양말을
보여주었는데 물방울무늬의 컬러풀한
양말이었다. 그러면서 하는 말.
"여기 한국 사람들의 겨울옷은 왜 전부
어두운 거죠?"

그러고 보니 1층 로비를 바쁘게 걸어
다니는 사람들의 외투며 바지, 구두,
가방이 거의 다 어두운 컬러였다.

케이프와 브랜든은 언제나 자신들의
패브릭으로 만든 셔츠를 입고 세계를
누비며 워크숍과 강연을 다닌다. 그리고
겨울 시즌에는 그들의 둥지인 런던
스튜디오로 돌아와 작업에 몰두한다.

"직접 셔츠를 만들어 입어보는 게
어때요?"

케이프가 나에게 적극적으로 권했다.
셔츠를 좋아하는 터라 그 말을 진지하게
귀담아들었다.

2013년 2월, 요코하마(위)
2014년 11월, 시드니(아래)

On the Way to the Inspiration

Fabric: Kaffe Fassett's woven stripes 염색된 실을 직조하여 제작한 얀다이드 셔팅 원단

셔츠의 디자인은 같지만 패브릭의 종류나 컬러에 따라 그 느낌이 완전히 다르다. 때로는 꽃무늬가 아닌 보기에도 시원한 스트라이프를 즐기고 싶을 때가 있다.
셔츠 만드는 과정은 스커트와는 완전히 다르다. 스커트는 가지고 있는 것의 치수와 스타일을 참고하면 만드는 과정이 그렇게 난해하지 않다. 어쩌면 몇 번의 실패 이후 쉽게 적응이 되었는지도 모르지만, 기본에 익숙해지면 응용도 가능한 법이라 그다지 겁나진 않았다.
그러나 셔츠는 정말 달랐다. 복잡한 이불 패턴이나 가방은 난관에 부딪히면 해결책을 모색하며 그 지루한 과정을 포기하지 않고 오히려 집요하게 즐기곤 해도, 옷을 잘 만들겠다는 욕심은 없기 때문에 옷 작업을 붙들고 고민하고 싶지는 않았다.
그러면 도대체 내 셔츠는 누가 만들어주나? 진북동 동네 산책을 하다 문득 오래된 의상실 간판을 발견했다. 〈뉴서울 의상실〉이라는 간판이 무색하게 낡아서 빛이 바랜 벽에는 원단이 켜켜이 잔뜩 쌓여있었다. 미닫이문을 열자 3평이나 될까 싶은 좁은 공간에 간판만큼 오래돼 보이는 공업용 재봉틀이 눈에 들어 왔다. 마실 나온 동네 아주머니 한 분이 조그만 스툴에 앉아 주인장과 담소를 나누고 계셨다. 그렇게 인연이 된 올해 일흔의 의상실 이모. 45년 넘게 재봉틀 작업을 해오셨다면서 못 만들 게 없다고 하셨다.
나의 셔츠는 이렇게 동네 의상실 이모의 손에서 탄생했다.
한때의 유행은 금세 지나가 버리는 세상이다. 세상은 빠르게 변하지만 항상 비슷한 속도로 삶을 살아가는 사람들이 있음을 잊어선 안 되겠다. 한 자리에서 한결같이 재봉틀을 돌리는, 그렇게 본질에 충실한 존재가 참으로 귀한 세상이다.
의상실 이모의 도움으로 원하는 셔츠를 입을 수 있어서 정말로 감사하다.

5

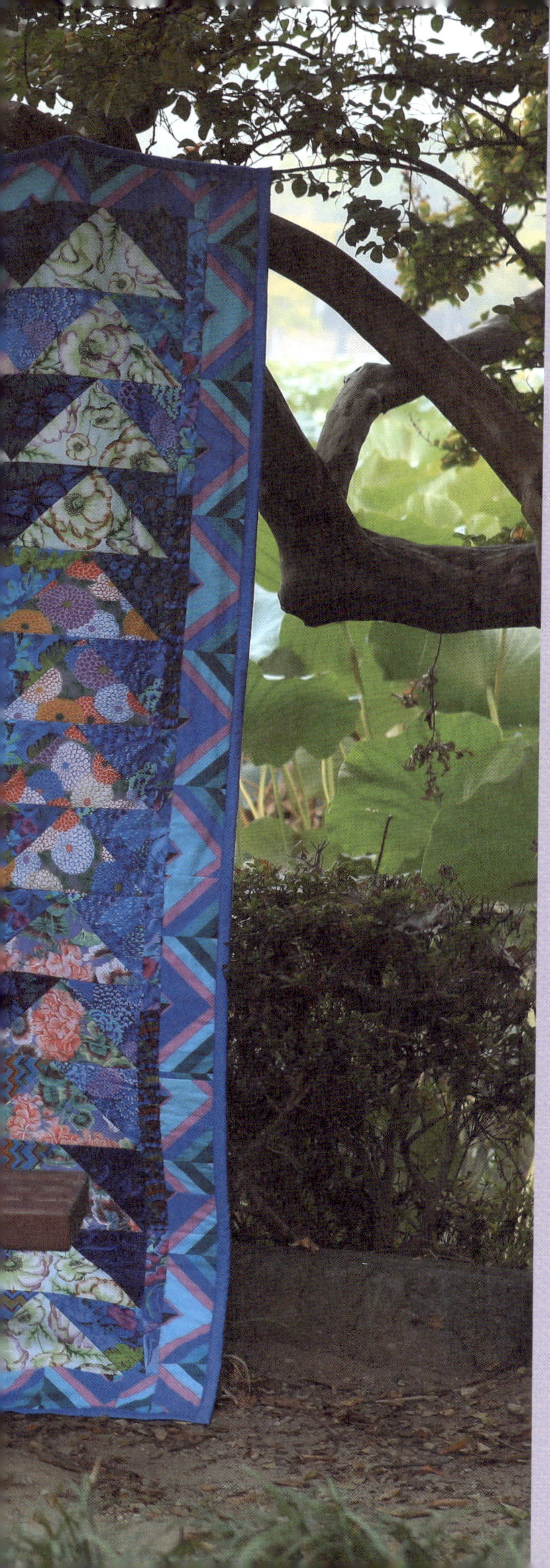

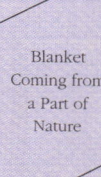

Blanket
Coming from
a Part of
Nature

자연의 한 조각

—

이불

사각형의 매력, 단순함 속 디테일
_패치워크 이야기 1

6인치 정사각 패치워크만으로 완성된 이불

패브릭 작업 초창기 때 만들었던 이불 중 몇 가지는 지금도 나의 침대에서 유용하게 쓰이고 있다. 그때의 작품에 묘한 애착이 가는 건 참으로 신기하다. 재봉틀이라는 기계에 충분히 숙련되기까지 정말 많은 시간이 필요했기에 지금에 비하면 서툴고 엉성한 구석이 있는데도 불구하고, 뜬금없는 컬러의 대비가 오히려 독특한 매력으로 느껴진다.
제법 복잡한 패턴도 이제는 주저 없이 작업에 들어갈 수 있고 커다란 패치워크 작업도 맘먹으면 며칠 안에 끝낼 수 있다. 그러나 나에게는 늘 '정사각형'에 대한 동경이 있는 듯하다. 이런저런 패턴을 기웃거리다가도 결국 단순한 6인치 사이즈의 사각형 패턴이 사무치게 그리워진다. 처음 이불을 만들 때는 사각형 패치워크 작업을 직선박기 연습과 각을 맞추는 연습 겸해서 열심히 만들기만 했다면, 사각형의 매력에 푹 빠진 지금은 속도보다 작업 자체를 여유롭게 즐길 수 있게 되었다.

어중간하게 남은 자투리 원단을 활용하기에도 더없이 좋은 사각형 패치워크로는 비교적 빠른 속도로 커다란 이불을 만들 수 있어 성취감도 매우 높기에 적극 추천하고 싶다. 물론 이불이 아닌 커튼으로 완성해도 근사하다.
패치워크에 사용한 단색 원단은 리넨을 사용해 도톰하면서도 시원한 느낌을 주었다. 살짝 무게감 있는 이불을 좋아한다면 리넨을 추천하고 싶다. 리넨은 까슬하면서 시원한 느낌 때문에 개인적으로 선호하는 원단이다. 만약 부드러운 원단을 좋아한다면 20수에서 30수 정도의 코튼을 사용하면 된다. 코튼이든 리넨이든 오래 사용하고 세탁할수록 더욱 부드러워지는 그 독특한 패브릭만의 감촉에 반하게 될 것이다.

Blanket Coming from a Part of Nature

정천면 천황사

계절에 따라 이불에 넣는 솜의 두께가 달라질 수 있다. 나는 보통 얇은 솜을 사용하는데 그러면 사실상 사계절 내내 사용하게 되는 셈이다. 특히 뒷지가 리넨이면 여름에는 촉감이 시원해서 좋고, 봄과 가을에는 그 자체로 완벽한 이불이 된다. 한겨울에는 이불을 두 겹 덮는 걸 좋아해서 예쁜 패치워크가 위쪽을 향하게 해서 사용한다.

이렇게 계절을 보내면서 이불은 어떤 모습으로 변하게 될까. 우리 집 베란다에서 어느새 훌쩍 자라 높아진 줄기를 자랑하는 움베르타와, 다정하게 잠자리를 동행해준 이불의 깊어진 색감과의 공통점은? 아마도 시간을 따라 흐르는 자연스러운 성장과 변화가 아닐까. 단지 낡아지는 게 아니라 깊어지고 멋스러워지는 것. 10년 혹은 20년 넘게 사랑받은 이불의 낡음을 새로움으로 해석하는 것이 나에게는 일상이 된 것 같다. 이상하게 들릴지 몰라도.

Blanket Coming from a Part of Nature

이 패치워크의 하이라이트는 사각형 조각들로 배치된 패브릭 컬러일 것이다. 먼저 노랑을 중심 컬러로 정하고 주황과 초록을 주변 컬러로 선택했다. 즉, '주황-노랑-연두' 세 가지 컬러의 자연스러운 흐름을 청록의 바탕 위에 표현하고 싶었다. 사진을 잘 살펴보면 사각형 조각마다 이 세 컬러 중 적어도 둘 이상의 컬러가 들어있다. 이런 식으로 조합하면 전체적으로 컬러가 겉도는 느낌 없이 상당히 안정적으로 보인다. 완성된 패치워크를 가만히 보다 보면 역시나 내가 좋아하는 컬러가 눈에 띄게 많아서 웃음이 나올 때가 있다. 그러니 이렇게 의도적으로 컬러를 정해서 패치워크를 완성해 보는 것도 컬러 감각을 익히는 한 방법인 것 같다.

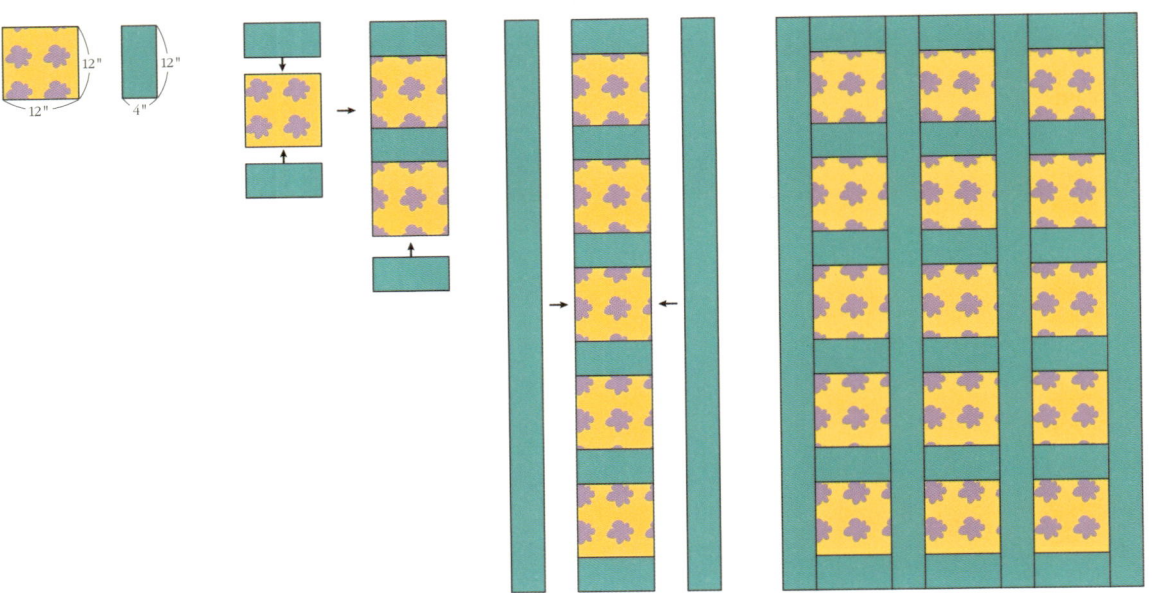

노랑 계열의 패브릭을 정사각형으로 큼직하게 자르고 시원한 푸른빛의 패브릭을 사방으로 둘렀다. 비교적 단순한 패치워크이고 사각형 조각이 12인치라서 맘먹으면 며칠 사이로 완성할 수 있다. 큰 작품을 시도해볼 의욕은 있으나 손이 많이 가는 작은 패턴 때문에 엄두가 나지 않는 상황에 시도해보기 딱 좋은 패치워크다. 작은 조각이 정교하게 많이 들어가야 멋스러운 작품이 되는 건 결코 아니다. 가장 중요한 건 컬러 간의 조화니까 평범한 사각형 조각으로도 충분히 멋진 작품을 만들 수 있으니 맘 놓고 도전해보기를 권유한다.

Blanket Coming from a Part of Nature

로맨틱 블루, 삼각형
_패치워크 이야기 2

블루의 시원함을 듬뿍 받고 싶을 때가 있다. 그럴 때 이 패치워크를 벽에 걸어두고 멀리서 바라보면 어떤 때는 마치 호수의 잔잔한 물결을 따라 코발트블루의 물고기들이 떼 지어 다니는 것 같기도 하고, 또 어느 때는 파란 하늘에 무리 지어 날아가는 새들의 움직임으로 와 닿기도 한다.

백운면 반송리 두원마을

Blanket Coming from a Part of Nature

평소 사각형 패턴을 좋아해서 자주 사용했지만 케이프 파셋의 「Flying Geese」라는 작품을 보고 삼각형 패턴으로도 작업해보고 싶다는 의욕을 강하게 느꼈다. 너그러운 사각형에 비하면 삼각형은 조금 더 까다롭지만 늘 그렇듯 작품을 완성하고 나면 뿌듯한 마음과 함께 슬그머니 자부심도 밀려온다.

Blanket Coming from a Part of Nature

한 사이즈의 삼각형 패턴만 있으면 만들 수 있다. 먼저 짙은 블루 계열의 패브릭을 7~8가지 선택한 후 그린이나 블루가 섞인 경쾌한 느낌의 패브릭도 비슷한 비율로 준비해둔다. 단순하게 줄지어진 삼각형 패치워크는 자칫 단조로워 보일 수 있기 때문에 컬러 간의 조화로운 흐름이 매우 중요하다. 이럴 때 천을 잔뜩 잘라두고 차분히 골라가며 패치워크를 구상하면 좋으련만 나는 성격이 급한 탓인지 언제나 커팅과 동시에 패치워크를 구상하곤 한다.

조각을 이어 붙이는 작업에 들어가기 전, 벽이나 바닥에 삼각형 조각을 전체적으로 배치해보고 시간적인 간격을 두면서 컬러 간의 조화를 점검해보자. 배열에 확신이 들면 가로부터 한 줄씩 완성해가면 된다. 조각을 이을 땐 모양이 틀어지지 않도록 주의하며 작업해야 한다. 나는 한 조각씩 이어붙일 때마다 반드시 다림질한다. 그러면 선이 반듯하게 이어졌는지 꼼꼼히 점검해볼 수 있다.

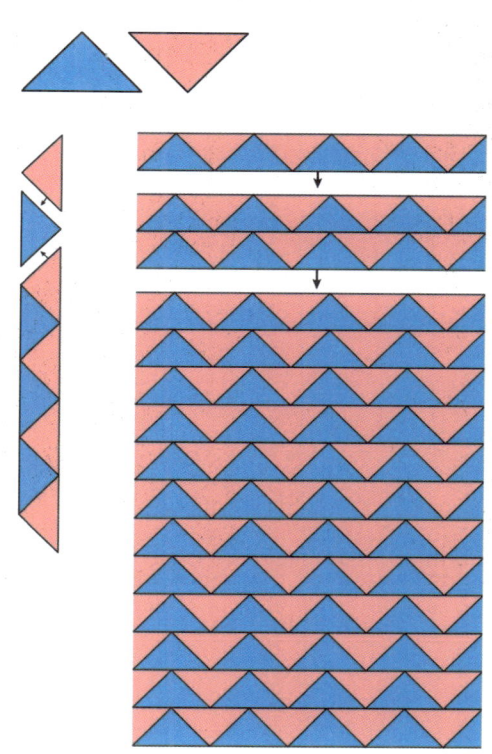

전주 서학동 사진관 골목

Blanket Coming from a Part of Nature

삼각형 패치 응용
_커튼

Blanket Coming from a Part of Nature

작업을 하다 보면 처음 의도와는 다르게 용도가 바뀌는 경우가 있다. 어떤 수작업이든 그러하겠지만, 특히나 패브릭 작업은 용도의 전환이 자유로운 편에 속한다. 이 작품 역시 싱글사이즈 이불을 생각하면서 시작했으나 결과물은 커튼이 되었다. 햇살이 쏟아지기라도 하면 그 느낌은 마치 성당에서 스테인드글라스를 바라보는 것처럼 찬연해진다.

결과물이 커튼이 되었다 해도 용도는 또다시 바뀔 수 있다. 어중간한 공간을 가리거나 공간을 분리하고 싶을 때는 가리개로 쓰면 딱이다. 나중에 마음이 변덕을 부리면 고정핀을 떼어내면 그만이다.

Blanket Coming from a Part of Nature

아이보리의 얇은 코튼을 뒷지로 사용하면 앞면의
패치워크에 햇빛이 비칠 때 방해가 되지 않아서 좋다.
커튼이든 가리개든 한 폭의 패치워크가 선사해주는
다채로운 컬러 에너지가 우리에게 무의식중 생기를
선사한다. 일하다가도 잠시 시선을 고정해서 바라볼 때 마음
한가득 풍요로움이 퍼지는 순간을 경험해보시길 바란다.

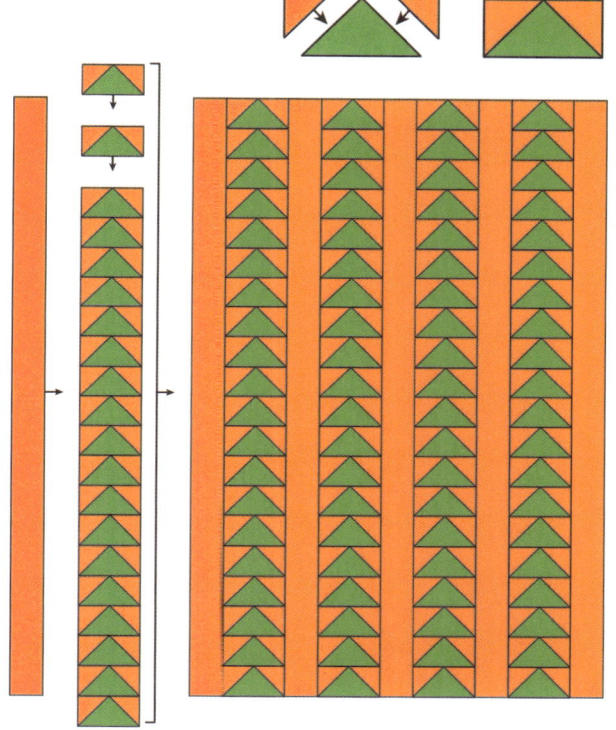

Blanket Coming from a Part of Nature

이불 속으로 들어온 싱그러운 캔디 컬러
_패치워크 이야기 3

컬러는 무채색 배경에서 더욱 선명해진다. 만약 무채색 공간에 화려함을 더해보고 싶다면 캔디 컬러의 패치워크를 추천한다. 아열대 기후의 따스함과 생기를 공간에 불어넣어 줄 것이다.

완성된 모습이 마치 카펫 같기도 한 이 패치워크는 작은 사각형들로 이루어져 있다. 혹여 단순해 보이지 않을까 하는 우려에 비해 무척 창의적인 느낌을 주며 또 생각보다 만만하게 할 수 있는 작업도 아니다. 사각형을 다이아몬드 모양으로 세워서 이어나가는 작업은 자칫 사소한 실수가 큰 수고로움으로 이어질 수 있기 때문이다.

조각을 잇기 전, 먼저 벽에 조각을 붙이고 조금 떨어진 곳에서 느긋하게 바라보자. 이때가 매우 중요한 순간으로 눈에 거슬리는 부분은 과감하게 해결해야 한다. 새로운 조각을 다시 잘라 배열하는 수고가 더해진다 해도 별수 없다. 어쩌면 노고를 줄일 수 있는 가장 좋은 방법인지도 모른다.

이렇게 조각의 위치를 구상하는 데 생각보다 시간이 많이 걸릴 수 있다. 작업이 지체되고 있다면 잠시 다른 곳으로 주의를 환기할 필요도 있다. 마감 시일이 정해진 일이 아니라면 작업이 좀 느려도 문제 될 건 없으니까. 나 역시 처음에는 전전긍긍하기도 했지만 이제 마음에서 됐다는 신호가 올라올 때까지 기다리는 법을 알게 되었다.

Blanket Coming from a Part of Nature

이 패치워크에 필요한 패턴은 5인치 정사각형 조각 하나뿐이다. 사진에서 중간에 위치한 빨간색 사각형이 패턴의 중심 부분이다. 이 사각형을 중심으로 순환적인 사각의 서클이 만들어진다. 자신이 좋아하는 컬러 조합으로 시도해보길 바란다. 이불이 부담스러우면 쿠션이나 러너 사이즈 정도의 작업을 권하고 싶다. 연습용으로 그만이기에.

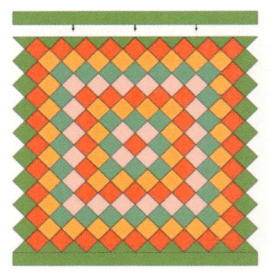

라일락의 상큼함이 물씬 풍기는 컬러를 표현하고 싶었다. 용도도 정하지 않은 채 무작정 내가 좋아하는 5인치 사각형으로 라일락의 감동을 표현하고 싶어서 안달이 났다. 보통은 차분하게 즐기면서 작업을 하는 편이지만 비 오는 날 산책 중 아파트 화단에 풍성히 피어있던 라일락을 발견하고 가슴이 터질 듯 벅차올랐다. 특히 풀밭에 흩뿌려져 있던 보랏빛 꽃잎을 한참 바라보면서 이 느낌을 작품으로 옮겨보고 싶다는 소망이 간절했다.

Blanket Coming from a Part of Nature

연분홍 혹은 은은한 보라를 바탕색으로 정하고 강렬한 진보라와 상큼한 파랑을 세로줄로 길게 배치했다. 비 오는 날의 풍경에서 영감을 얻어서인 것 같다. 흩어지는 느낌보다는 빗방울 떨어지는 것 같은 이미지를 강조하고 싶었다.
너무 열정적으로 작업한 탓일까. 패치워크를 완성하고 너무 놀라 심장이 두근거렸다. 완성된 패치워크의 세로 길이가 무려 3m 60cm에 달했기 때문이었다. 용도를 정하지 않고 라일락의 감동을 패치워크로 표현하는 것에만 열중하다 보니 그렇게 거대한 작품을 순식간에 만들어낼 수 있었던 것 같다.
완성된 라일락 패치워크를 나는 오래도록 즐겼다. 천장에 걸어 두기도 하고 창가에 늘어뜨려 햇살을 머금게도 했다. 이제 이 패치워크는 싱글사이즈 퀼트 이불과 쿠션 두 개로 탈바꿈했다. 침대 프레임에 살짝만 걸쳐둬도 얼마나 근사한지. 언제까지나 내 곁에 두고픈 라일락빛이다.

이 상큼한 컬러의 바람개비 이불은 어린 소녀에게 4년 넘게 사랑받았다. 수십 번의 세탁에도 불구하고 특유의 색감을 곱게 간직한 이불. 그 첫 느낌처럼 아직도 사랑스럽다. 아무래도 나는 초록과 분홍 혹은 초록과 빨강의 조합에서 쉽사리 벗어나지 못할 것 같다. 다른 컬러 조합에 빠졌다가도 어느새 이 조합으로 돌아와 나도 모르게 새로운 작업을 하고 있다.

진북동 산책길에서 발견한 타일. 자세히 보면 바람개비 안에 또 작은 바람개비가 있다. 왼쪽과 오른쪽 타일은 사실 같은 모양이고 컬러만 다른데도 느낌이 확연히 다르다. 언젠가 이 타일을 작업으로 옮겨보고 싶었다. 같은 패턴으로 색만 다르게 입혀서 몇 가지 작업을 동시에 해봐도 재미있을 것 같다.

직접 패턴을 구상하다 보면 경험하게 될 것이다. 어느 순간 어떤 패턴을 어떻게 만들고 싶은지 머릿속에 그림처럼 그려지는 순간이 있다. 한두 번 시도해서 원하는 대로 패턴이 나오지 않는다 해도 포기하지 말기를 당부하고 싶다. 더 관찰하고 더 생각해보기를. 시험 삼아 이 바람개비 패치워크는 과연 어떻게 탄생했을지 살펴보길 바란다.

Blanket Coming from a Part of Nature

깊어가는 여름 정원
_패치워크 이야기 4

무더운 여름에 지칠 때는 시원한 레모네이드 한 잔으로 더위를 식히곤 한다. 그날도 한 손에 레모네이드가 담긴 컵을 들고 동네 산책을 하다가 우연히 아담한 꽃밭과 마주쳤다. 늦여름의 열기 속에서 강렬한 색감을 내뿜는 꽃들에선 완전히 사그라지기 전의 마지막 열정이 물씬 느껴졌다. 봄바람 살랑거리던 시기에는 분명히 여리고 수줍은 빛깔이었을 것이다. 이제 더 이상 피어날 수 없을 정도로 완전히 펼쳐진 그들에게서 야릇한 정적이 흐른다. 마치 최선을 다한 발레리나의 아름다운 공연이 막을 내린 후에도, 그 자리를 떠날 수 없게 하는 여운이 남아있는 것처럼.
수분이 빠져나가는 여름 정원의 독특한 색감은 참으로 깊고 풍요로웠다. 그곳에서 받은 인상을 메모해두었다가 패치워크로 되살렸다. 이때가 벌써 5년 전의 일인데도 여름 정원에서 받았던 감정이 생생한 걸 보면 작업 내내 그 인상을 곱씹었기 때문은 아닐지.

한 패턴을 여러 장 만들어 이불로 활용할 수도 있지만 패턴 한 장으로 쿠션이나 둥근 스툴 커버를 만들어보는 것도 좋겠다. 인내심이 요구되는 이불에 비하면 금방 완성할 수 있기에 워밍업 삼아 간단히 만들어볼 수 있다.

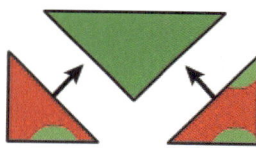
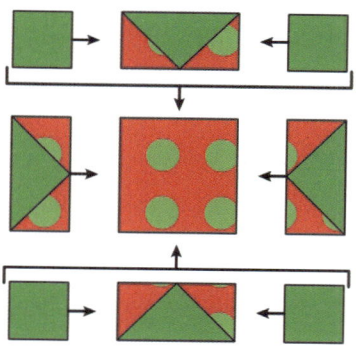

원시적 색감 즐기기
_패치워크 이야기 5

초록과 빨강이 열정적으로 배치된 패치워크. 강렬한 에너지가 쏟아지는 듯하다. 나에게 초록은 기본적인 색이다.
어떤 색과도 절묘하게 어울리기 때문이다. 초록 위에 노랑, 빨강, 주황, 보라를 올려놓으면 마치 정원에 가득 핀 꽃을 보는 기분이다.
거기에 빨강과 파랑이 만나면 주체할 수 없을 정도의 강렬한 에너지가 만들어진다.

Blanket Coming from a Part of Nature

패치워크 완성 후 벽에 두고 바라보기

커다랗기만 한 패턴은 자칫 색 자랑으로 끝날 수 있기에 작은 조각으로 자잘한 흐트러짐의 효과를 주고 싶었던 것 같다. 양귀비나 백일홍의 극도로 붉은빛을 떠올리며 적절한 패브릭을 찾아다녔다. 때로는 원하는 패브릭을 찾지 못해서 작업이 더뎌지기도 한다. 그럴 때는 다른 작은 작업을 병행하며 충분히 기다린다. 덕분에 한 번에 한 작업만 집중하기보다 동시에 두세 가지 작업을 하는 습관이 생겼다.

햇살에 눈부신 패치워크

169

Blanket Coming from a Part of Nature

나는 여행 중에 서점을 자주 방문한다. 사진의 책은 시애틀 다운타운의 한 대형서점에서 발견한 것이다. 표지는 물론이고 거의 모든 페이지의 일러스트가 멋지고 진지했다. 한 페이지를 가득 채운 앤티크 문장"帳의 아주 작은 부분에서 아이디어를 얻었고, 세로줄로 이어지는 다이아몬드 모양도 마음에 들었다. 순간 초록이나 파란 바탕 위에 붉은색 다이아몬드를 드러나게 표현하고 싶다는 생각이 떠올랐다. 마침 무르익은 여름 정원에 취해있던 터라 그 어느 때보다 화려하고 격정적인 색감을 원했던 것 같다. 이렇게 우연히 발견한 다이아몬드 패턴과 여름 정원을 작품으로 담아내고 싶은 마음이 적시에 만나 훌륭한 조합을 이뤄낸 것 같아서 기분이 몹시 좋았다. 여행지에 도착하면 미술관, 박물관을 먼저 찾는다. 그러면서도 마음은 늘 서점을 향하고 있다. 요즘엔 미술관에 미술책 서점이 있고 근사한 카페도 있기 마련이라 미술관, 서점, 카페가 한 번에 해결되는 경우가 종종 있다. 사실 작업에 영감을 주는 것들은 사방에 널려있다 해도 과언이 아니다. 내가 관심을 두는 장소와 분야에 수시로 걸려드는 자극들이 곧바로 작업과 연결된다. 뜻하지 않은 곳에서 아이디어를 포착할 수 있기에 항상 무엇이든 주의 깊게 들여다보는 습관을 지녀보자.

Blanket Coming from a Part of Nature

숙련으로 가는 길
그리고 단순함에 길들여지기
_패치워크 이야기 6

진안 운일암 반일암 계곡

멋진 작품일수록 복잡하고 정교한 패턴이 요구되지 않을까 해서 미리 겁먹을 필요는 없다.
지금까지도 나에게 가장 매력적인 패턴은 사각형이다. 언젠가 사각형 패턴 하나로 예상치 못한
황홀한 결과물을 만들어냈던 경험 이후 사각형에 깊은 애착을 느끼게 되었다.
내가 처음 사각형 패치워크 작업을 했을 때였다. 잔뜩 기대하며 천을 수북이 잘라두고 드디어
재봉틀에 앉아 열심히 조각을 이어가는데, 웬걸? 각이 정확히 맞지 않아 울퉁불퉁한 데다 들뜨기까지.
쉬운 일이 아니었다. 고심 끝에 결국 의도적으로 어긋나게 조각을 이어나갔다. 결과적으로 맘에 쏙
들었다. 패치워크 작업의 묘미는 바로 이런 것에 있다.

처음으로 이불을 만들고 싶어 하는 분들에게도 사각형 패턴을 권하고 싶다. 어쩌면 사각형 패턴에는
정확한 연결성이 필요하지 않을까 하며 긴장을 느낄지도 모르겠다. 모든 각이 깔끔하게 맞으면
좋겠지만 정확성에 너무 연연하면 작업이 부담스러워진다 처음에는 누구든 서툴고 도무지 속도가
나지 않는 것이 당연하다. 그러니 각이 조금 틀어져도 너그러운 마음으로 색감을 즐기며 작업하는
것이 중요하다. 이 시기를 거쳐 어긋난 사각형으로 작품 몇 개를 완성해보면 저절로 정확한 사각형
패치워크를 탐내게 되고 실제로 각 맞추는 일에 금방 익숙해지게 된다. 이게 바로 숙련의 과정이다.

다양한 정사각형 패치워크

Blanket Coming from a Part of Nature

작품을 완성하기까지의 모든 과정을 척척 밟아나가 손쉽게 결과물을 완성할 수 있다는 건 분명 숙련의 단계를 거친 후에나 가능한 일이다. 내 경우는 재봉틀로 뭔가를 만드는 재미에 흠뻑 빠져서 다행스럽게도 기본을 익히는 과정이 길고 지루하다는 생각을 하지 못했다. 오히려 서투른데도 불구하고 만들고 싶은 것들이 상상 속에서 넘쳐났다.

숙련되기까지의 반복적 작업이 지루하고 인내심이 필요하다면, 숙련된 이후에 부딪히는 난관이 바로 창의성이다. 패치워크 작업할 때 너무 계산적이거나 완벽만을 추구하지 말라고 조언해주고 싶다. 일상에서 마주치는 사물과 컬러에서 무한한 영감을 받는 것이 무엇보다 중요하기 때문이다. 사각형 조각들을 서투르게 이어나가면서도 다음번에 만들고 싶은 것들이 줄줄 떠오른다면 당신은 분명 열정적이고 창의적인 사람일 것이다.

창의성에는 관찰력이 필요하다. 무심히 넘기는 책이나 잡지에서 패턴을 발견할 수 있다. 거리를 걷던 중 건물 벽이나 심지어 길바닥에서도 패턴을 발견할 수 있다. 그렇다. 퀼트에 사용할 패턴을 반드시 퀼트책에서만 얻을 필요는 없다. 작은 사진의 한쪽 귀퉁이에서 패턴의 영감을 느낄 수도 있고, 아니면 미술관이나 거리의 쇼윈도에서도 아이디어를 얻을 수 있다. 몇 년 전 캐나다 로키산맥을 여행할 때 숙소 욕실의 타일에서 멋진 패턴을 발견하고 무척 기뻤던 적이 있다. 바로 사진을 찍고 수첩에 그림으로 옮겼고 후에 실제 작업으로도 이어졌다.

진북동 골목 산책 중 발견한 패턴들

Blanket Coming from a Part of Nature

이 패치워크에서 어떤 모양의 패턴이 필요할지 자세히 들여다보자. 먼저 큰 사각형을 보면 네 개의 삼각형으로 이루어져 있다. 즉 네 개의 삼각형이 모여서 큰 정사각형을 이룬다. 그리고 각각의 삼각형 꼭대기에는 또 다른 작은 삼각형이 있다. 이 작은 삼각형들이 모여 작은 사각형을 이룬다.

마음에 드는 새로운 패턴을 발견하면 자세히 들여다보면서 패턴의 규칙을 스스로 찾아보면 좋을 것이다. 무수히 많은 시행착오를 거치면서 자신만의 방식으로 패턴을 패브릭에 옮길 수 있게 될 것이고, 점차 자신의 상상력이 더해져 또 다른 패턴이 만들어지기도 한다.

사진의 이불 패턴은 누구나 쉽게 찾을 수 있는 흔한 것이다. 특별한 패턴은 아니더라도 내가 표현하고 싶은 컬러로 나만의 버전을 만드는 것. 이것이 내 창작 작업의 본질이라고 할 수 있다.

단순한 작업이지만 인내심을 가지고 꾸준하게 하면서 동시에 머릿속을 스쳐 가는 아이디어를 메모했다. 언젠가는 작업으로 이어질 날을 상상하며 스스로를 격려하고 위로했다. 재봉틀은 내가 끊임없이 표현하고 싶은 그 무언가를 가능하게 해주는 고마운 도구지만, 그 도구의 사용이 익숙해지기까지 시간이 필요했다. 그 시간 동안 여러 상상과 아이디어들이 지난한 과정을 무사히 보낼 수 있는 힘이 되어 주었다.

Blanket Coming from a Part of Nature

패치워크 블록 하나 만들기

필요한 조각Templates :
*12인치 정사각형을 정확히 4등분한 사이즈의 삼각형사이즈는 취향에 따라 조정 가능
* 2인치 반($2\frac{1}{2}$) 정사각형

1. 12인치 정사각형 그리고 $2\frac{1}{2}$ 인치 정사각형을 준비한다.
2. 12인치 정사각형을 4등분한다.
3. 작은 정사각형 대각선으로 박는다.
4. 다림질한다.
5. 각각 4조각을 완성 후 다시 2조각씩 이어주는 순서로 반복한다.

생각이 많아질수록 단순하게 접근하기
_패치워크 응용

Two Floral Vases / Fabric on Canvas

이 패치워크는 보라의 단색 패브릭이 마음에 들어서 만들었다. 그런데 나는 단색을 잘 사용하지 않아 미처 몰랐지만 이것 역시 정확성이 필요한 작업이었다. 작업 도중 결국 처음 계획한 이불 사이즈에서 쿠션 사이즈로 용도가 축소되었다. 그마저도 쿠션이 아닌 다른 용도가 되었지만.

패치워크 작업의 기본은 '정확한 사이즈로 커팅하기', '반듯하게 이어나가기' 등으로, 섬세함이 요구된다. 하지만 테크닉에만 집중하다 보면 패치워크의 진정한 재미를 놓칠 수 있다. 고된 노동처럼 자르고 이어가는 것은 지루한 단순 작업으로 느껴질 수 있기 때문이다. 다양한 패브릭으로 마음에서 우러나오는 느낌을 표현하는 것이야말로 패치워크의 진정한 즐거움이라고 생각한다. 그러니 잘해야 한다는 강박은 내려두고 완성될 이미지를 붙잡은 채 즐겁게 작업하는 게 나름 정답이 아닐까 한다.

Blanket Coming from a Part of Nature

지금은 외국 서적도 한국에서 직접 주문하지만, 예전에는 외국에 나갈 기회가 있을 때마다 책을 한가득 사오곤 했다. 덕분에 작업실이며 집이며 책이 수북해서 잠시 커피 한 잔의 휴식과 함께 한 권씩 들춰보다 작업에 대한 영감을 얻기도 한다.

이미 수십 번이나 본 책인데도 새로운 게 자꾸만 보이는 건 왜일까? 한번은 2014년 판 「보그」를 넘기다 사진 배경의 벽타일을 새삼 유심히 보게 된 적이 있었다. 타일의 모양이 마음에 들었기 때문인데 너무도 매력적이어서 당장 몇 시간 집중해서 비슷하게라도 만들 수 있다면 얼마나 좋을까 생각할 정도였다. 즉시 스케치를 해보고 사선 방향의 배열을 직선 방향으로 바꾸고 컬러도 내가 원하는 것으로 바꿔보았다. 이런 즉흥적이고 내 멋대로 바꾸기 작전을 나는 매우 좋아한다. 급한 마음을 차분히 억누르며 패브릭을 조각조각 잘라나갔다. 그리고 조각들을 벽에 붙여보았다. 전체적인 패턴이 얼핏 보일 정도로 조각들이 벽을 채울 때까지 두 시간이 훌쩍 지났다. 어느 정도 조각이 채워졌고 이제는 조각을 이을 차례. 작은 조각 하나하나 잇는 과정이 얼마나 걸릴지 예측할 수 없다. 중요한 건 의욕이 솟는 타이밍을 놓치지 않고 열정을 느끼며 작업을 하는 것이다. 하지만 시간에 쫓겨서 급하게 작업하는 건 내게 말도 안 되는 일물론 늘 이렇게 고고하게 작업하는 건 아니지만. 손과 마음이 함께 움직여야 더없이 즐거운 작업이 된다.

가끔은 이렇게 느낌에 따라 바로 작업에 들어갈 때도 있지만, 대부분은 처음부터 용도를 계획하고 작업을 시작한다. 그런데 처음에는 작은 가방을 만들려고 작정해도 큰 가방이 만들어지고, 작은 이불을 만들려고 해도 또 큰 이불이 만들어지곤 했다. 많은 시행착오 끝에혹은 원 없이 큰 것들을 만들어봐서일지도 지금은 처음 맘먹은 대로 사이즈 조절이 가능해졌다.

Blanket Coming from a Part of Nature

사이즈 조절보다 신경이 덜 쓰였던 건 오히려 재봉의 정확성이었다. 나는 작업 초반부터 조각을 정확히 잇는 것보다는 자유로운 느낌과 컬러감을 좀 더 중시했었다. 몇 년 전, 커터기를 사용하기 시작한 지 얼마 되지 않아 천 무더기에 숨어있던 커터기에 손가락 베이는 사고가 있었다. 그 일로 몇 바늘 꿰맨 후로는 줄곧 가위만 쓰게 되어서인지 이제는 가위 사용이 전혀 불편하지 않다. 최근 손목에 무리가 가지 않는 가위를 구하고 더욱 신이 났다.

가위로는 정확하게 자르기 어렵다고 생각하시는 퀼터 분들이 많은 것 같다. 물론 가끔은 작은 사각형이 정확하게 나와 줘야 하는데 맘처럼 똑 부러지게 안 돼서 사이즈가 살짝 달라지는 곳도 있으나 내 눈에는 전체의 그림이 더 중요하고 시작부터 전체적인 그림을 붙잡고 작업하므로 큰 문제는 안 된다.

한 번은 「요코하마 퀼트 페스티벌」에 케이프 파셋과 브랜든 매블리가 온다고 하여 그들을 보러 도쿄에 간 적이 있다. 케이프 파셋의 작품이 특별전으로 열리고 있던 터라 그의 아름다운 퀼트 이불을 맘껏 감상할 수 있었다. 둘째 날에는 케이프 파셋이 직접 작품을 하나하나 설명해주는 시간이 있어서 얼마나 행복했는지 모른다.

그런데 그의 작품도 자세히 보면 패치 된 조각들이 어긋나거나 선이 반듯하지 않거나 퀼팅이 완벽하지 않아 조금 들뜬 부분도 보인다. 오히려 꼼꼼함과 완벽함을 중요시하는 일본의 퀼트 작품 사이에서 화려한 빛을 발하는 그의 작품이 무척 유쾌하고 자유롭게 느껴졌다.

퀼트 작품이 화려한 기법과 고급스러운 천 자랑으로 끝나는 것만큼 우울한 건 없다. 그 안에 채워져야 하는 건 기교가 아닌 작업자의 영혼이라고 생각한다. 물론 나도 말은 이렇게 하지만 작업에 영혼을 담는다는 건 결코 쉽지 않은 일임을 안다. 그래도 생각이 많아질 때일수록 욕심을 버리고 단순하게 접근해야 한다는 것만은 기억해두자.

산뜻한 탄생_재활용
데님 + 자투리 원단

Blanket Coming from a Part of Nature

옷장을 정리하다 보면 버리기 아까워 오래도록 묵혀 두었던 옷들이 나온다. 이 옷들은 결국 헌 옷 수거함에 넣어지기 마련. 요즘엔 다들 옷을 충분히 가지고 있고 자기 개성이 강해서인지 아이 옷 물려주기도 주저하게 되는 것 같다.
이전에 큰 사이즈의 청남방을 버리기 아까워 궁리하다가 싱글 사이즈 이불로 만들어 보면 어떨까 하는 생각이 들었다. 청남방의 데님 소재가 산뜻한 붉은색 원단과 아주 잘 어울려서(실제로 데님 소재는 모든 색과 잘 어울리지만) 작업이 순조롭게 풀릴 것 같았다.
청남방에서 건져낸 원단은 다행히도 양이 충분했다. 원단을 각기 다른 길이로 자유롭게 잘라서 다양한 컬러의 자투리 원단을 삼각형 모양으로 이어 붙였다. 패턴은 전혀 필요하지 않은 작업이다. 오히려 정확한 직선이 아닌 살짝 어긋난 모양이 묘한 매력을 더해준다. 삼각형도 즉흥적으로 사이즈를 정해서 붙이다 보니 자투리 원단의 크기가 결정적인 역할을 하게 된다.

Blanket Coming from a Part of Nature

두껍지 않은 청남방은 이불 만들 때 아주 유용하고 도톰한 청바지나 청치마는 가방을 만들기에 적합하다. 자연스러운 워싱은 고스란히 남아 가방에 멋을 더해주고, 재활용의 의미를 굳이 부각할 필요도 없이 그 자체에서 세월의 흔적이 풍겨 나온다. 멋지게 새로 탄생한 청가방은 앞으로 어디든 나와 함께 가줄 것이다.

6

About
Creative
Motivation

작업의
동기 부여

—

영감은
어디에서
오는가?

관찰자 혹은 산책자의 시선
_모래재 터널 전주~진안 드라이브 코스

주중 오전도 좋다. 아니면 주말에 3~4시간 정도의 시간 여유가 있다면 카페라떼 한 잔 들고 진안으로 향하기 충분하다. 진안은 고원지대다 보니 소양을 지나면서 굽이굽이 산길을 갈 수밖에 없다. 옛길모래재이 더 굽이지고 가파르지만, 산새는 더욱 웅장하고 아름다워 고지에 이르면 꼭 차를 잠시 멈추고 저 멀리 산이 끝나는 지점을 한참이나 바라보게 된다. 안개 낀 날 고생한 기억이 있음에도 여전히 안개 낀 모래재 드라이브를 나는 베스트로 뽑는다.

터널을 지나 조금만 달리다 보면 메타세쿼이아 길이 시원하게 펼쳐진다.
최근에는 메타세쿼이아를 편안히 즐기고 쉬어가라고 벤치와 테이블을 만들어 놓았다.
진안 가는 길에는 여기에서 잠시 쉬어가지 않으면 왠지 서운하다.

About Creative Motivation

여름 정원, 진안 집에 있는 트리 하우스

진안에 거의 다다르면 저 아래로 로터리가 보인다. 포르투갈 여행할 때 유난히 로터리가 많아 신기했었는데 운전자들이 자연스레 양보하면서 돌고 빠져나가는 로터리가 참 정겹다는 생각이 들었다. 로터리를 한 바퀴 돌아 샛길로 빠져 좁은 길을 올라가면 금세 내가 나고 자란 집이 나온다. 차 시동 소리를 듣고 마중 오는 시골 개 세 마리. 집주인보다 먼저 나와 반겨준다.

트리하우스와 겹비,깜지,청남이

About Creative Motivation

초록이 무성한 여름의 진안 집 마당

하얀 목련이 흐드러지게 핀 봄날.
저 멀리에서도 그 아름다운 자태가
시선을 잡아끄는 목련 나무는 시골집
마당의 보배이다. 나 어릴 적 어머니가
작은 막대기 만한 목련 나무를 사다
심으셨는데 이렇게 거대하고 아름답게
자랐다는 이야기를 수백 번은 들었을
것이다. 어머니가 정성껏 심은 마음과
큰오빠가 한해 한해 가꾼 두 마음이
합쳐져 하나의 예술품이 되어버린
목련 나무. 다녀간 사람들은 이런 목련
나무는 본 적이 없다며 큰 감동을
받는다. 목련 나무와 한몸인 트리
하우스 또한 큰오빠의 작품이다.
도대체 얼마의 시간과 정성을 투자해
나름의 과학적 방법으로 연구해가며
결국에는 이렇게 근사한 트리
하우스를 만들어놨는지 이 또한
미스터리한 일이다.
내가 재봉틀로 천 조각을 이어서
커다란 이불을 만든 걸 보고 놀라는
큰오빠이지만 난 목련 나무와 트리
하우스를 보면 인내심으로 작업했을
그 과정을 상상하며 깊은 감동을 받곤
한다.

봄날 목련 나무와 트리 하우스

트리 하우스 마루에 누워 잠시 여유로운 사색을 즐기다 몸을 일으켜 또다시 마이산으로 향한다. 두 암봉이 언제 보아도 정겹고 다정한 마이산이다. 마이산은 사방에서 볼 수 있는데 보는 각도에 따라 그 느낌이 다르다. 물이 고여 있는 저수지에서 바라보는 느낌이 고즈넉하면서 산과 물이 참으로 조화롭다. 탑사를 향해 가다 보면 은은한 들꽃들이 군락으로 자라는 노지가 펼쳐진다. 그곳에 서서 마이산을 바라보면 꼭 동화 속 마을 풍경 같다. 반면 탑사 아래서 올려 본 마이산은 매우 우람하고 강인해 보인다.

마이산은 나의 어린 시절 추억에서 상당한 비중을 차지한다. 사계절 아름다운 경치 속에 늠름하게 그 자리에 서서 우리를 바라보는 마이산. 여름날 소나기가 지나간 후 기다란 아치형의 무지개가 마이산 하늘에 펼쳐졌던 기억이 떠오른다.
하얀 눈이 밤새 내려온 천지가 눈 세상이었다. 그런 겨울날이 참 많았다. 털 장화를 신고 푹푹 빠지며 눈썰매를 타는 풍경에는 늘 마이산이 서 있었다. 자연 속에 맘껏 뛰놀았던 그 기억들은 나의 작업에 깊은 영감의 원천이 되는 게 분명하다.

마이산 주변 마을을 드라이브하는 즐거움은 계절을 가리지 않는다. 좀 더 로맨틱한 장관을 보고 싶다면 매우 이른 아침에 길을 나서야 한다. 간혹 고라니가 도로에서 보일 수 있으니 너무 속도를 내지 말라고 당부하고 싶다. 하긴, 사방이 그림 같은 풍경이라 속도를 내고 싶어도 그럴 수 없을 것이다. 마을 이름을 놓치지 않고 읽어보는 일도 즐거움 중 하나이다. 마을 이름, 다리 이름 하나하나가 정겹고 재미있고 독특하다는 걸 알게 되고, 왜 그런 이름일까 궁금해진다.

마을 입구에 자주 보이는 풍경은 커다란 나무, 그 아래 평상. 좁은 커브 길을 돌면 길가에 가지런히 피어있는 코스모스 아니면 백일홍, 마리골드. 뚱딴지꽃이 넓은 밭에 가득 피어있는 이 귀한 사진은 은은한 아침 안개로 더욱 로맨틱해 보인다. 이 아스라한 느낌은 해뜨기 전 출발해서 얻은 소득이다.

우리는 주변을 잘 안다고 생각한다. 적어도 자신이 사는 동네나 자주 가는 공간은 더 그렇게 생각한다. 하지만 사계절을 따라 변하는 동네 풍경을 오늘부터라도 자세히 들여다보기를. 어쩌면 뜻하지 않은 감동이 기다리고 있을지도 모른다.

뚱딴지꽃(돼지감자) 진안읍 가림리 선인동

About Creative Motivation

그리움으로 맴돌 때
_계남정미소

잔안 계남마을의 계남정미소

여행하다 보면 간혹 목적지가 바뀔 때도 있다. 그날도 드라이브하다가 좌회전하면 마이산이 5분 거리인데, 길가의 소박한 나무 간판에 이끌려 우회전을 하게 됐다. 곧장 친절한 길 안내 표지판이 서 있다. 그렇게 도착한 곳이 '계남정미소'였다. 그때가 2006년이니 벌써 한참 전이다. 처음 보았을 때 정미소 지붕은 짙은 청록색이었다. 정미소 안의 모든 구조가 너무나도 근사해서 뭐랄까, 한적한 시골 마을에 고이 잘 간직된 품위 있는 옛집을 보는 그런 아련한 느낌이었다. 계남마을 들판에서 달콤한 공기를 마시며 충분히 자연에 거닐다 돌아오면 그날은 마음껏 행복을 누렸다는 뿌듯함이 있었다. 잊을 수 없는 계남정미소는 늘 그리움으로 잔잔히 맴돈다. 그 후로 계남정미소가 목적지가 되어 길을 나설 때가 있다. 일상 속에서 문득 잘 있는지 그 안부가 궁금한 이유는 무엇일까?

정안 계남정미소
2006.10

계남정미소를 처음 만났던 그 2006년 10월이 사진에 기록되어 있다.
이렇게 깊은 색감이었던 정미소는 세월이 흘러 전혀 다른 느낌의 색감을 입고 있다.
정확히 내 머릿속에 고정되어 있는 강렬한 첫인상과 대비되는
따스한 파스텔 톤의 온화한 인상으로 바뀌어버린
정미소에서 알 수 없는 묘한 감정에 이끌려 생각이 많아졌다.
정미소의 느낌을 작업으로 옮기고 싶은데, 그게 과연 가능할까?

정미소의 세월을 담은 색감에 좀 더 가까이 다가가고자 손 염색을 해보게 되었다. 손이 많이 가고 또 많이 기다려야 하는 염색 과정이 조금 힘들게 느껴지긴 했다. 그러나 기존에 나와 있는 컬러풀한 패브릭과 직접 염색한 단색의 패브릭이 조화롭게 결합할 생각을 하니 몹시 기대되고 또 한편으론 흐뭇했다.

재있는 건, 염색이란 게 결과가 어떠할지 빤한 게 아니라서 시작부터 슬금슬금 긴장감이 엄습한다. 마치 오븐에 어설픈 실력이나마 정성스럽게 매만진 반죽을 넣고 초조해하면서 기다리는 심정과 비슷하다고나 할까. 맑은 물이 나올 때까지 충분히 헹구고 그런 다음 또 하루를 아예 담가두고 또 헹구어낸다.
그사이 틈틈이 진행되는 또 다른 작업은 스케치이다. 김지연* 선생님께서 귀한 책을 선물로 주셨다. 정미소 작업을 하겠다는 나의 열정이 기특했는지 본인이 소장하고 있던 『정미소』를 기꺼이 주셨다. 절판돼서 구하기 어려웠던 이유도 있다. 책 속의 정미소 사진을 바라보면 시간이 금세 지나간다. 생각보다 꽤 긴 시간을 들여 바라보기 때문일 것이다. 가만히 들여다보기, 그리고 쓱쓱 스케치해보기. 이런 한가롭고 조용한 시간은 햇빛이 드는 창가 쪽 테이블에서 이루어진다. 조용히 머릿속에 맴도는 이미지들이 가득 피어나는 참으로 평화로운 시간이다. 앞으로도 많은 시간을 투자해야 할 작업 과정이 기다리고 있으나 우선 샘플 작업이라 여기며 편한 마음으로 정미소 패치워크 프로젝트를 시작했다.

* 김지연 사진작가는 2006년 5월 공동체박물관 계남정미소를 오픈해서 7년여 운영하였다. 지금은 전주 서학동 서학동사진관사진 갤러리, 2013년 오픈으로 새 둥지를 틀고 새로운 문화활동을 엮어가고 있다.

About Creative Motivation

자연 속에서 걷기 그리고 바라보기
_건지산

대도시보다는 작은 소도시에 살아서 이로운 점이 여럿 있다. 특히 정서적인 면에서 그렇다. 높은 산을 오르는 등산보다는 차로 20분 미만으로 접근할 수 있는 건지산이나 덕진공원, 전북대학교 캠퍼스, 전주천 산책로, 그것도 여의치 않으면 작업실 주변 동네 산책을 자주 즐긴다.

근래는 일이 바빠지다 보니 건지산도 소홀해졌고, 그래서 생각해낸 게 차를 두고 집에까지 걸어가는 방법이었다. 산책은 다분히 사색적이며 삶에 풍요로움을 더해주는 라이프 스타일이 아닌가 싶다. 동시에 건강도 챙길 수 있으니 일석이조. 그러나 여유롭게 즐길 수 있는 산책은 주 2회 정도로만 가능하고, 아무래도 차를 두고 걸어서라도 집에 가야 건강을 더 챙기는 느낌이 들지만 뭔가 개운한 느낌이다.

한 번은 아침에 차를 어디 둔지 몰라 헤매다 문득 지난밤 걸어왔던 게 떠올라 혼자 재밌어 한 적이 있다. 건강을 생각해 걷는다 해도 50분 정도 걷다 보면 이런저런 생각이 지나가면서 복잡한 일거리에서 좀 떨어져나온 자유로움이 느껴지기도 한다. 그리고 보니 자연과 더불어 사계절을 즐길 수 있는 나만의 산책 코스가 무의식에 존재하는 듯하다.

건지산을 알게 된 건 우연이었다. 지인들과 모악산 등산에 관한 얘기를 나누던 참에, 체력이 약해서인지 가파른 산 오르는 걸 무척 힘들어하는 나에 대해 얘기했더니 그러면 건지산이 아주 잘 맞을 거라며 적극 추천을 받았다.

작은 도시에 사는데도 들어는 봤으나 가보지 못한 곳이 의외로 많다는 걸 깨달을 때가 있다. 나에게 건지산이 그랬다. 들어는 봤어도 정확히 어디쯤 있는지 통 알 수가 없는 묘한 산이었다. 그러던 어느 날 건지산이 내가 가끔 공연을 보러 가는 소리문화전당 근처에 있으며 동물원과 바로 연결되어있고, 배드민턴 경기장 주차장에 차를 두고 몇 걸음만 옮기면 곧장 건지산의 편백 숲으로 들어간다는 사실을 알게 되었다. 놀라웠다. 참으로 놀라웠다. 다른 지역의 편백 숲을 몇 군데 가보았으나 건지산의 편백 숲처럼 경이로움을 선사하는 곳은 처음이었다. 캐나다 로키산맥을 4번이나 다녀온 나에게, 그 막강한 스케일의 로키산맥과 버금가는 감동이 밀려와 심장이 마구 요동치게 했다.

건지산은 늘 푸르다. 드문드문 분포해있는 활엽수 덕분에 봄과 가을의 컬러를 나름대로 느낄 수 있는 재미도 있다. 건지산 편백 숲이 끝나는 지점부터는 곧게 뻗은 상수리나무가 또 다른 빽빽한 숲을 이룬다. 잠시 숲에 앉아 조용히 머무르면 부지런히 달려가는 귀여운 청설모를 볼 수 있다.

조지아 오키프*의 꽃 그림을 바라보면 그녀가 이 그림을 그리기 위해 얼마나 오래도록 꽃을 바라보았을까, 하는 생각이 저절로 든다. 커다랗고 너무나도 과감하게 그린 꽃 그림은 말 그대로 압도적이어서 한참을 바라보게 된다.

"사람들은 꽃을 보고 잠시 감탄하고는 금방 지나가 버려요. 저는 그게 안타까워서 놀랍도록 디테일한 큰 꽃을 그렸어요. 그러면 사람들이 깜짝 놀라서 오랫동안 바라보게 되거든요."
오키프의 이 말은 나에게 깊은 자극을 주었다.

같은 장소, 같은 사물을 오래 바라보고 관찰하는 나의 습관은 언제부터 시작되었는지 모르겠다. 건지산을 셀 수 없을 정도로 들락거리지만 편백 숲을 들어서는 순간에는 여전히 호기심이 가득해진다. 12월임에도 불구하고 물기 가득한 초록을 고고히 뿜어내는 고사리와 이끼가 한눈에 들어온다. 이끼가 짙게 낀 나무 아래 바짝 앉아 지루할 정도로 가만히, 가만히 바라본다.

자연의 색은 그렇게 조용한 감흥으로 가슴 깊이 젖어 들어온다.
아, 이 평화로움……
너무나 근사하다. 건지산은 나의 마음을 더욱 풍요롭게 해주며 때로는 복잡한 머리를 내려놓으라고 위로를 해주기도 한다.
눈물이 왈칵 쏟아지는 사계절의 경이로움이 그곳에 늘 존재한다.
내일 아침에 눈 뜨면 당장에 달려갈 것 같은 예감이 든다.
나의 사랑 건지산으로.

* 조지아 오키프Georgia O'Keeffe, 1887-1986 ; 미국의 화가

About Creative Motivation

연꽃 공동체를 선사하는
_덕진공원

덕진공원은 건지산과 무척 가깝다. 차로 움직이면 5분 거리이고 전북대학교와 바로 이어지기 때문에 덕진공원을 산책하고 전북대학교로 이동해서 대학가에서 식사 후 건지산 편백 숲 산책 코스를 권하고 싶다. 만약 시간 여유가 충분히 있다면 건지산 산책을 마친 후 전주 소리문화전당에서 공연 보는 것까지 코스를 잡으면 아주 훌륭하다.

그리고 보니 겨울에 덕진공원 가본 기억은 없는 듯하다. 보통 초봄부터 늦가을까지 자주 가는데 연잎이 무성해지고 꽃이 피는 절정기에는 주로 해 질 녘에 서둘러 공원으로 향한다.

연못의 크기는 그대로인데 연잎은 어마어마하게 번식을 해서 마치 빽빽한 연꽃 연잎 공동체를 탄탄하게 이뤄낸 느낌이 든다. 연꽃은 6월 중순부터 피기 시작해 8월 말까지 이어진다. 이른 아침 덕진공원을 향하며 공원의 모습이 어떠할지 매우 궁금했다. 9월 중순이라 연꽃은 졌겠지만 연잎은 푸르겠지. 혹시 아직 남아 있는 연꽃이 있을지도 모른다. 그렇게 도착한 연못에는 역시 연꽃은 보이지 않았지만 연잎은 아직도 초록색으로 무성하게 연못을 뒤덮고 있었다. 꿈속처럼 펼쳐지는 뽀얀 안개가 아침을 더욱 아름답게 빛내주고 있었다.

About Creative Motivation

전주 덕진공원

세련된 매력
_전북대학교 자연사박물관

전북대 자연사박물관 뒤편

덕진공원과 전북대학교는 바로 곁에 있다. 주로 늦여름에 물병 하나 배낭에 넣고 길을 나서곤 하는데 첫 번째 목적지가 덕진공원이고 그다음은 전북대학교이다. 전북대학교에서 가장 아끼는 풍경은 자연사박물관이다. 바로 옆 미술대학 건물도 멋스럽지만 단순하게 돌로 만들어진 자연사박물관 건물은 볼수록 세련되어 보이는 매력이 있다. 근처 운동장에서 한참 족구를 즐기는 청춘들의 유쾌한 함성이 쌀쌀한 공기를 훈훈하게 해주고 있었다.

이 건물 주위에서 맴도는 게 이달만 해도 4번째인 듯하다. 바라보고 있으면 든든한 친구 같은 정감이 느껴진다. 근처에 앉을 벤치도 많으니 라떼라도 한 잔 마시며 잠시 쉬어 가기에 정말 편안한 곳이다. 나의 산책 코스는 오랜 세월에 걸쳐 비밀스럽게 진행되어 온 흔적들이다. 이 글을 읽는 당신만의 산책 코스는 어떠한 풍경일지 궁금하다.

산책과 걷기의 경계를 즐기는
_한적한 진북동 산책

About Creative Motivation

하루하루 빠듯한 일정에 자칫 삭막한 삶을 살 수 있는 그 길로 가지 않기 위해 이런저런 궁리를 참 많이 하는 듯하다. 생계를 위한 직업은 따로 있으니 작업 시간이 턱없이 부족해 불만이지만, 그래서 더 패브릭 작업에 애착을 가질 수도 있다.
공업용 재봉틀과 씨름하려면 체력이 좋아야 하는데 실제로는 상당히 부실하다. 그래서 걷기를 늘 갈망한다. 꽃과 식물을 좋아하니 기왕이면 그러한 자연이 어우러진 길을 고집하게 된다.

나에게는 산책할 수 있는 나름의 코스가 몇 가지 있다. 건지산을 가지 못할 상황이면 진북동 동네 산책도 좋다. 새로 개발된 신시가지하고는 사뭇 다른 골목 풍경을 가지고 있는 소박한 동네이다. 골목마다 재미있는 풍경들이 시선을 머물게 한다. 진북동에는 아직 동네 슈퍼나 동네 과일 가게가 사라지지 않아서 보기 좋다. 대형마트를 굳이 선호할 이유가 없는 것이다. 동네에서 해결할 수 있는 환경이니 감사할 따름이다.

이러한 모든 산책은 작업을 더욱 풍요롭게 해주는 그 무엇임이 틀림없다.

About Creative Motivation

About Creative Motivation

진북동에 산 지 5년. 못해도 한 달에 서너 번은 이른 아침에 돌아다녔으니 이젠 골목을 훤히 다 알고 있는 게 당연하다. 이 골목 다음엔 막다른 골목이 있다는 것도, 다음 골목엔 파란 색깔 대문이 나온다는 것도, 소금 가게가 있는 골목과 자그마한 공원이 나오는 골목도 훤히 알고 있다. 생각해보니 이런 자동메모리는 한두 번 경험으로 나오지 않는 것 같다. 몸과 머리가 충분히 익힐 수 있는 시간을 투자한 습관성 행동에서 나온다는 게, 꼭 작업의 원리와 비슷하다는 생각이 든다.

한 2주 정도 여행을 다녀와 재봉틀에 앉아 작업하다 보면 아주 단순한 실수가 나온다. 그것도 여러 번. 작업에서 멀어지면 금세 몸은 둔해지나 보다. 심지어 살짝 어색하기까지 하니. 이런 묘한 경험도 나는 참 좋다. 나는 산책과 걷기를 구분하는데 산책은 나에게 무한정 자유로운 관찰을 주는 움직임이고, 걷기는 말 그대로 걷는 것에 집중하여 몸에 기분 좋은 긴장감을 최대한 선사해주는 움직임이다. 나는 언제까지고 산책을 일상 속에서 습관적으로 즐길 것이다. 패브릭 작업처럼.

About Creative Motivation

About Creative Motivation

조용히 조용히 골목을 걸어 다닌다. 그러다 보면 눈에 들어오는 감동이 있다. 물끄러미 한참을 바라보다 움직인다. 그러니까 나의 산책은 해찰*이 너무 많아서 운동 효과는 그다지 기대를 하지 않지만, 정신적으로는 참으로 풍성한 수확을 거두는 그러한 산책이다. 자세히 들여다보면 그런 생각이 든다. 낡아서 멋스럽다기보다는, 원래 근사했는데 낡아지면서도 품위를 잃지 않고 본연의 색감과 조화가 오히려 깊어진 게 아닌가 하는.

* 해찰 : 딴청을 의미하는 전라도 사투리

신비로운 순간
_중화산동 소나무길 산책

작업실에서 잠시 벗어나 정말 말 그대로 동네 한 바퀴를 휙 돌아본다. 불과 30분 코스이지만 몹시 집중해서 무거워진 머리를 가볍게 환기시켜 준다고 해야 하나. 놀라운 건 이 짧은 구간의 산책에도 마음이 매우 산뜻해져서 더 많은 동네 사람들이 알지 못한다는 게 이상하다 싶을 정도다. 덕분에 혼자만의 한적한 산책을 즐길 수 있긴 하지만.

작업실이 위치한 중화산동은 근처에 삼천천이 흐르고 있고 다리를 건너면 바로 전북도청이 자리 잡고 있다. 한 시간의 틈이 생기면 삼천천으로 내려가 여유 있는 산책을 즐길 수 있고, 만약 여유 시간이 30분 미만이라면 소나무 길을 쭉 따라 2번을 왕복하면 거의 정확히 30분이 채워진다.

이 소나무 길을 걸을 때마다 참으로 신기할 따름이다. 도시 속 소나무 길이라니. 소나무 길 아래 2차선 도로는 언제나 차들이 열심히 달린다. 도시 속 친환경 오솔길을 일주일에 몇 번씩 이용하는 나는 엄청난 혜택을 받는 셈이다. 가끔 산책 중에 책가방을 메고 즐겁게 대화를 나누며 걸어가는 초등학생 아이들을 보면 참으로 귀엽고 사랑스러워 기분이 흐뭇해진다.

12월의 한 금요일 오후 중화산동 소나무 길을 걸었다. 포장도로와 흙길이 만나는 지점에는 야생풀이 밀집되어 마치 그 모습이 카펫처럼 펼쳐져 서로의 경계를 어색하지 않게 덮어주고 있다. 오늘은 시청에서 소나무 가지치기 작업을 했나 보다. 여기저기 무성한 굵은 소나무 가지가 놓여 있다.

소나무 길 공기가 독특한 솔 향기로 더욱 신비로워지는 순간이다. 같은 길이지만 어느 순간 매우 특별해지는 그러한 시간이 있다. 마치 지금처럼. 이런 순간에는 이상하게도 그리운 사람들이 떠오른다. 아마 혼자만 느끼기에는 너무나도 아름다운 순간이어서 그런 것 같다. 동네 산책을 하면서 문득 생각이 많아진다. 사소하지만 결코 사소하지 않은, 작은 스케일에서 깊은 감동을 끌어내는 묘미라고 할까.

드넓은 미서부를 가로질러 사막을 지나 다다른 그랜드 캐니언. 나는 그곳을 두 번 가보았다. 드라마틱하게 펼쳐지는 풍경에서 이루 말할 수 없는 감동이 벅차오르는 굉장한 기쁨을 맛보았다. 이렇게 압도적인 스케일로 입이 벌어지는 감동에 비하면 동네 산책길의 잔잔한 감동은 사소해 보일 수 있으나 나에게는 모두 비슷한 무게의 감동으로 기억되는 것 같다.

이 앙증맞은 사이즈의 쓰로우를 가방에 쏙 넣고 산책하다 잠시 쉬고 싶으면 망설이지 않고 펼친다. 그리고 앉는다. 음악을 듣는다.

초록 에너지를 찾아서
_수목원

전주수목원(한국도로공사 수목원)

가끔 이국적인 모양의 식물이 그리워진다. 혹은 선인장과 다육식물의 독특한 모양을 관찰하고 싶을 때, 비슷하지만 미묘하게 다른 초록의 컬러를 흠뻑 느끼고 싶을 때, 그럴 때 주로 수목원으로 향한다. 전주 시내권에서 약 5km 떨어진 수목원은 갈 때마다 관리가 잘된 안정감이 느껴진다. 특히 온실을 집중해서 본다. 가장 오래 머무는 곳이기도 하다. 수년 전부터 들락거린 온실이기에 상당히 많은 식물이 친숙하다. 당장 작업의 프로젝트나 아이디어로 이어지진 않지만, 온실 속 이국적 식물들에서 무언의 위로를 받고 오는 곳이다.

단정하게 꾸며진 꽃밭이나 예쁘게 심어놓은 화초보다는, 줄기가 좀 비틀어지고 바람에 이리저리 애쓰며 고생한 야생의 분위기를 풍기는 꽃밭에 감동을 하는 것과 같을까. 온실에서 곱게 자란듯해도 수년을 조금씩 인내심으로 성장한 선인장의 체격은 단단하고 듬직해 보인다.

가장 좋아하는 컬러의 조합인 주황과 초록. 게다가 향기롭다.
저 멀리 보이는 아늑한 온실. 바라만 봐도 설렌다.
떠나기 싫은 아늑한 온실. 언젠가 눈이 소복이 내리는 한겨울에 온실을 찾았던 기억.
정확히 바로 이 자리에서 내리는 눈을 바라보았다.
그때는 높은 유리 천장으로 부드러운 오후 햇살이 쏟아지는 이 계절이 그리웠다.

언제나 그렇듯 온실 안을 이리저리 배회하다 보면 눈을 즐겁게 하는 색감이 있다.
나의 시선을 끌어당기는 식물에 가까이 다가가 물끄러미 바라본다.
그러다 보면 이루 말할 수 없는 신비로운 감동이 밀려온다. 어떻게 이런 색깔이 만들어진 걸까?
잎맥을 따라 흐르는 그 가녀린 아이보리 색감을 바라보면 빨려 들어가는 기분이다.
사방에 사랑스러운 영감으로 가득 찬 온실을 사람들은 어찌 그리 빨리 빠져나가는 걸까? 서운하게.

시크릿 가든
_온실의 다른 발견

아직 초록이 보인다. 아주 빽빽하다. 처음에는 멀리서 보이는 유리온실의 곡선이 매우 우아하다고만 생각했다. 전북대학교를 자주 산책하면서도 온실 곁에서만 맴돌았는데, 가까이 다가가니 아직은 숨을 쉬고 있는 이 터질 듯한 생명의 느낌. 방치된 건지 새로운 계획을 모색하는 건지 알 수 없으나 호기심에 열린 유리문으로 조심스레 발을 내디뎠다. 온통 메마른 무성한 이파리 사이로 열심히 뻗어 나가는 초록이 경이로웠다.

왜 심장은 쿵쾅거렸을까. 마치 사과나무 옷장 뒤로 열리는 나니아 숲으로 숨죽이며 들어가던 어린 소녀 루시가 된 것 같았다. 묘한 그 느낌에 발걸음 하나하나가 조심스러웠다. 잠시 머무는 동안 생각이 참 많아졌다. 사그라지는 생명과 살아나는 생명이 밝은 오후 햇살에 모두 빛이 났다. 그들 본연의 색감을 드러내면서. 바스락거리는 마른 나뭇잎과 확연한 대비를 이루는 강렬한 초록의 남천은 아직 꿋꿋이 버티고 있었다. 방치된 온실의 사연이야 알 수 없지만 이 신비로운 경험에 온몸의 세포가 바짝 긴장하고 있었던 건 분명하다.
온실의 유리 벽을 뒤덮으며 뻗어 가는 아이비 덩굴의 가닥가닥이 햇살 속에 실핏줄처럼 뒤엉켜 있었다. 이 숨 막히는 관찰은 시선을 압도하는 미술 작품 앞에서의 집중과 유사한 그것이었다.
한 달 후인 12월 중순에 다시 찾은 온실은 한창 공사가 진행 중이었다. 그러면 그렇지, 하고 생각하면서도 왠지 모를 서운함이 있었다. 사진으로만 남은 온실은 나만의 시크릿 가든으로 회상될 것이다.

About Creative Motivation

여행지에서 늘 찾는
_미술관 산책

A Series of Floral Vases, 꽃병 시리즈, 2015년

About Creative Motivation

영국 대영박물관(좌)
호주 시드니 블루마운튼 근처 작은 갤러리(우)

요즘 내 여행 짐의 무게가 과거보다 훨씬 가벼워졌다. 그 과거가 대단히 먼 과거도 아니고 불과 6년 전만 해도 작은 노트북에 카메라, 핸드폰 그리고 국제전화카드에 인터넷에서 뽑은 위치 지도 등 이런저런 자료를 짊어지고 다녔다. 행여 장소를 못 찾아 헤맬까 봐 헤매는 데 걸리는 시간이 아까워서 철저히 준비하느라 여행 떠나기 몇 주 전부터 지도를 자주 들여다보며 익혔던 그런 때가 있었다.

이제는 스마트폰 하나면 다 해결되는 세상이다. 모든 예약은 물론, 지하철이며 버스 노선 등 길을 찾아가는 것도 작은 스마트폰 하나로 해결되니 짐이 한결 줄어들었다. 그러나 말은 이렇게 쉽게 해도 편리함을 위한 적응 기간이 필요했던 건 사실이다.

여행지에서 우선시하는 건 걷는 것, 그것도 제대로 많이 걷는 걸 선호한다. 평소 걷기를 좋아하지만 바쁘다는 핑계로 게을러질 때가 있기에, 여행 때만큼은 걷는 것에 아낌없이 시간을 투자한다. 걸어서 미술관을 찾아간다. 때로는 한 정거장 미리 내려 걸어가기도 한다. 미술관 입구를 들어서면서 가슴이 살랑거리며 묘하게 요동치기 시작하는 게 어떠한 감동을 받고 나올지 무척 기대된다.

샌프란시스코는 시간만 허락한다면 모든 골목을 다니고 싶을 정도로 매력적이다. 게다가 다운타운에 크고 작은 박물관, 미술관이 많아서 일정을 며칠 나눠 질리지 않도록 구경하는 게 좋다. 그중에서도 〈아시안 아트 뮤지엄Asian Art Museum〉에서 받은 인상이 너무나도 좋아서 다음 날 오후에 다시 방문했다. 수많은 도자기가 아시아 국가별로 전시되어 있는데 도자기의 라인이 그 날은 매우 특별하게 와 닿았다. 특히 단색 위주의 도자기를 자세히 들여다보며 이런저런 생각을 많이 했다. 그 오래전 도공의 손에서 다듬어졌을 매끈한 도자기의 선이, 투박했을 도공의 손가락과 맞닿으며 물레에서 돌아가는 그런 상상부터 시작해서 오래된 물건들이 지닌 단색의 깊이에 마음이 술렁였다.

여행에서 돌아오자마자 미술관에서 받은 아이디어를 작업으로 옮기기 시작했다. 그 감이 무뎌지기 전에 서둘러 하나라도 완성하고 싶은 조급함을 떨치기가 어려웠다. 내가 생각했던 이미지는 다양한 라인을 가진 도자기가 화려한 꽃무늬를 입고 있는 모습이었다. 도자기가 놓여있는 배경의 색감도 찬란한. 어떤 것에서 받는 무수한 영감이 다 작업으로 이어질 수는 없겠지만 그중에도 놓치고 싶지 않은 강렬한 자극이 분명 있다.

샌프란시스코 박물관

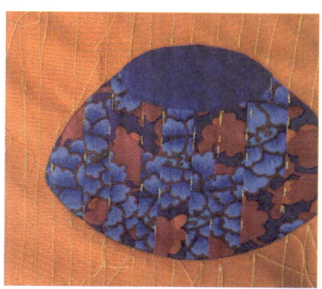

A Series of Floral Vases, 꽃병 시리즈, 2015년

꽃무늬 패브릭으로 표현한 생동감 있는 화병 시리즈.
아플리케 기법을 응용해서 만들었다.
손바느질하다가 나중에는 재봉틀로
가장자리를 따라 정교하게 박아주었다.

― 특별한 만남 ―
에이미 메릭
Amy Merrick

평소 꽃이나 화초를 늘 가까이 두는 사람은 왠지 마음이 따스하고 사물을 바라보는 시선이 남다를 것 같다는 편견이 있다. 스타일도 멋스러울 것 같다. 실제로 나의 이런 편견에 꼭 들어맞는 인물이 있는데 바로 에이미 메릭이 그러했다. 어느 날 「킨포크Kinfolk」에서 그녀를 보았다. 뉴욕 브루클린에서 활동 중인 스타일리스트 겸 플로리스트인 에이미 메릭은 젊고 예뻤다. 빈티지 스타일의 옷을 입은 그녀가 초록 들판의 야생 양귀비를 한 아름 손에 쥐고 있는 모습은 자꾸 바라보고 싶은, 너무나도 근사한 광경이었다. 그 후로 에이미 메릭을 흠모하게 되었고 인스타그램 팔로어가 되어 어느새 나에게는 친숙한 그녀가 된 것이다.

About Creative Motivation

워크숍 시작 전에 모두 같이 담소를 나누며 함께 즐긴 점심

늦가을 교토 여행을 계획하고 비행기 티켓팅과 숙소 예약을 완료했다. 그런 후 여행 정보를 물색하고 있었다. 전부터 꼭 가보고 싶었던 채식카페 '스타더스트Stardust'는 방문 1순위였다. 스타더스트에 가면 충분히 오래 머물며 즐기고 오리라 잔뜩 기대하고 있었고, 근처 동네를 한참 돌아다닐 생각에 행복했다.

교토 여행까지 일주일도 남지 않은 어느 날, 스타더스트의 공지를 보고 너무나도 놀랐다. 정확히 나의 여행 일정 동안 에이미 메릭의 플라워 워크숍이 열린다는 것이었다. 당장에 신청 메일을 보내고 다음 날 환영한다는 승낙 답장을 받았다. 케이프 파셋 워크숍을 참여하게 된 것도 정말 우연이었는데 이번 일까지 겹치자 "이건 정말 행운이구나"라는 생각과 심지어 나는 운이 좋은 여자라는 확신에 몹시 들떴다.

꽃을 좋아하지만 꽃꽂이 수업을 접해본 적은 없고, 말 그대로 마음 내키는 대로 자유로이 꽃을 꽂아온 터라 걱정도 살짝 되었지만 오히려 전문 플로리스트가 아니어서 맘은 편했다. 마침내 스타더스트에 들어서는 순간 그 묘한 분위기에 압도되어 워크숍 참가자들은 다들 나처럼 들떠있었으리라 짐작했다. 겉으로는 차분한 모습으로 조곤조곤 대화를 나누는 참가자들의 모습이 보기 좋았다.

워크숍은 스타더스트에서 마련한 간단한 채식 런치로 시작되었다. 정말 독특한 방식의 워크숍이었다. 참가자들은 음식을 한입 먹자마자 눈을 동그랗게 뜨며 탄성을 질렀다. 에이미도 역시 우리와 함께 음식을 먹으며 소소한 이야기들을 나누었다. 엄숙하게 정면을 보고 앉아서 일방적인 설명을 듣는 방식의 보통의 워크숍과는 비교도 안 되는 따스함과 친밀함이 룸을 채웠다.

본격적인 워크숍이 시작되면서 준비된 꽃에 시선이 집중되었다. 평소 보기 어려운 손바닥보다 더 큰 달리아가 눈에 띄는 화사한 색감을 뽐내고 있었다. 뿐만 아니라 빈티지한 컬러의 장미, 카네이션, 코스모스, 라넌큘러스 그리고 몇 가지의 초록 식물들은 그 자체의 색감에서 강한 에너지를 발산했다. 꽃의 등장과 함께 에이미의 꽃에 대한 철학과 작업을 시작한 계기를 들으며 본격적인 워크숍이 진행됐다.

아름다운 스타더스트 내부, 교토

때로는 그렇다. 열렬히 사모하던 인물을 가까이에서 마주 보는 게 그렇게 어려운 일만은 아닐 수도 있다. 기다리지만 말고 찾아 달려가면 된다. 언어가 가능하면 좀 더 수월할 수 있으나 나는 언어조차도 초월한 사람을 본 적 있다. 그 사람은 열정과 예의, 더불어 보통 사람보다 좀 더 강한 용기를 가지고 있었다. 열정도 재능이다. 이미 가지고 있는 재능과 자질을 정작 본인은 보지 못할 때가 많다. 배워서 더 빨리 습득할 수는 있겠지만 결국 본질은 열정과 인내심이 끌고 간다. 가려진 자신만의 그 재능과 자질을 찾아내길.

시모다케도모쵸 동네 산책

교토역의 규모는 생각보다 웅장했다. 특히 드라마틱한 천장 구조물이 마치 설치미술을 보는 듯 한눈에 시선을 사로잡았다. 교토타워가 보이는 정거장에서 9번 버스를 타고 시모다케도모쵸를 향했다. 교토 여행은 처음이지만 그다지 낯선 느낌은 아니었다. 40분 정도 창밖 구경을 하며 드라이브를 즐기자 드디어 목적지인 시모다케도모쵸에 도착했다. 낯선 곳에서 방향이 잡히지 않을 때는 구글맵에 의지하여 주의 깊게 살펴본다. 바로 이 길 건너인지, 아니면 한 블록 더 가서 건너는지. 가보지 않은 목적지를 찾아가는 건 사실 미스터리한 과정이지만 수많은 경험 끝에 느긋하게 즐기는 자세를 고수하게 됐다. 길을 헤매다 한 바퀴 더 돌고 두 바퀴 더 돈다고 안달할 필요는 없다. 어차피 여행이란 정해진 길로만 가는 건 아니기에.

그렇게 한가로이 마치 내 동네 산책하듯 거닐다 코너를 돌아 목적지인 스타더스트를 발견했다. 아직 워크숍까지는 한 시간 반이나 남았다. 골목을 구경할 생각을 하니 살짝 찌푸린 흐릿한 날씨도 다정하게 느껴졌다. 한 시간 정도 골목을 산책한 후 사거리 한쪽에 자리 잡은 아주 작은 카페의 유일한 나무 테이블에 앉아 잠시 다리를 쉬었다.

따뜻한 레몬생강차와 달콤한 카스텔라 한 조각을 음미하며 창밖 풍경을 감상했던 시간은 또 그렇게 그리움의 한 페이지가 되는가 보다.

- 교토 여행 중 단상 -

내가 사용하는 패브릭

- 프린트 코튼 원단 100%순면: 패브릭 작업에 사용하는 원단은 주로 디자이너 원단을 선호한다. 텍스타일 디자이너 특유의 개성이 고스란히 담겨있어 작업할 때 기분이 좋다. 색감의 표현이 우수하고 세탁 후에도 색감이 전혀 탈색되지 않는다. 패브릭은 20수 새틴satin : 광택이 있고 매끄러운 직물 원단과 30수 원단을 사용한다.
- 솔리드 원단 : 고급 원사를 사용하여 십자 크로스 형태의 문양이 제작된 도비를 한 가지 색감으로 염색하여 세련되고 중후한 멋을 낸 코튼 원단이다. 일반적으로 단색 원단을 가리키는 말이기도 하다.
- 리넨 : 아마flax라는 식물의 섬유로 만든 직물로, 통기성이 좋아 특히 여름철 원단으로 매우 선호되지만 요즘엔 사계절 사용하는 추세이다. 보통 100% 아마로 제작한 리넨과, 코튼과 섞어서 제작한 리넨 원단으로 나누어지며 10수 20수는 두께가 도톰한 편이고, 30수는 일반적인 두께이다. 리넨의 활용은 매우 다양하다.

바느질 작업에 쓰이는 도구들
: 가위, 쪽가위, 시접자, 재봉틀, 다리미, 줄자, 연필, 시침핀 등

■ 가위 : 패브릭 작업에는 몇 가지 간단한 도구들이 더 필요하다. 천을 자를 때 커터기를 사용하면 여러 장을 한꺼번에 자를 수 있고 정확한 직선으로 잘려 매우 편하다. 그러나 커터기 칼날을 교환해서 사용한다는 점이 왠지 불편하고 낡은 칼날은 버려야 하므로 더욱이 손가락을 베이는 사고 이후로는 가위만 사용하고 있다. 묵직한 쇠가위는 의외로 섬세하게 천을 잘라주지만 작업을 오래 하다 보니 어깨며 손목이 아픈 현상이 생겼다. 그래서 구입한 게 스프링이 달린 가위인데 손목에 무리를 주지 않아 매우 좋다.

■ 시접자 : 처음부터 인치 단위의 자를 사용하다 보니 인치의 개념이 훨씬 쉽게 느껴진다. 나는 3가지 종류의 자를 사용하고 있다 각각 6"×12", 6"×24", 15"×15" 사이즈. 비교적 작은 사이즈의 패턴 작업을 할 때는 작은 자를 사용하고, 정사각 패턴을 만들 때는 정사각 15인치 자를 사용하면 아주 수월하게 작업할 수 있다. 자에는 30, 45, 60도의 각이 그려져 있어서 다이아몬드나 삼각형의 패턴을 만들 때도 문제없이 작업할 수 있다.

■ 재봉틀, 다리미 : 나의 패브릭 작업은 거의 재봉틀을 사용하기 때문에 가장 기본적인 도구는 재봉틀일 것이다. 처음에 구입한건 가정용 재봉틀이었고, 두꺼운 청지를 부담 없이 박아보고 싶다는 간절한 마음에 투박해 보이지만 힘이 센 공업용 재봉틀로 바꾸어 작업을 본격적으로 하기 시작했다. 또 다른 기본 도구는 다리미이다. 10년 넘게 사용했던 다리미를 작업하면서 두 번이나 바닥에 떨어트려서 결국엔 심하게 부서져서 최근에 새로 구입했다 앞으로는 더 조심스레 다루어야겠다.

 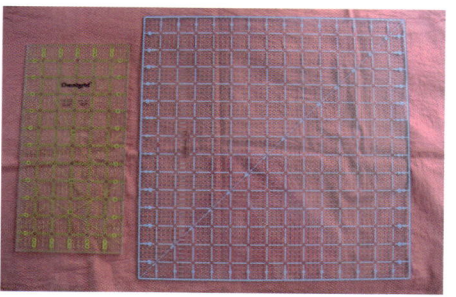

그 밖에 패브릭을 고정해주는 시침핀과, 줄을 그을 때 사용하는 연필수성펜을 사용하면 더 좋다, 정확한 길이 측정을 위해서 줄자가 필요하다.

Epilogue

자신만의 감성으로

나의 휴대폰에는 순간순간 찍어둔 사진들이 가득하다.
덕분에 한참 과거의 기억도 떠올릴 수 있어 다행이다.
깜깜한 밤, 작업등 아래 보이는 꽃무늬 패브릭. 그 옆에 다소곳이 놓인 연둣빛 수국.
아마 빛이 바래서 바싹해진 이후에도 한참 그 자리에 머물렀을 것이다.

어렸을 적 나는 막연히 화가를 꿈꾸었다. 돌이켜 보면 꼭 그림을 그리는 일이 아니더라도, 무언가 예술적인 일과 관련된 작업을 하는 미래를 상상했던 것 같다. 그렇다곤 해도 취미로 시작한 재봉틀이 내 머릿속 컬러를 표현해줄 도구가 되리라고는 꿈에도 몰랐다.
만약 여러분에게도 자신이 진정으로 하고 싶은 일이 무엇일까, 생각했을 때 바로 떠오르는 이미지가 있다면 그것은 좋은 징조이다. 그러니 생각만으로 흘려보내지 말고, 당장 어떤 행동으로 실천해보기를 바란다. 작업에 대한 넘치는 의욕과 창의적인 상상력 그리고 그러한 것을 감각적으로 펼칠 수 있는 능력에 천부적인 기질이 있어야 한다면 너무나 맥이 빠질 것이다. 잠시 짬을 내서 틈틈이 익히다 보면 어느새 숙련의 단계까지 도달하게 되고, 언젠가 창의력이 자유로이 발휘되는 순간이 올 것이다. 그리고 그 순간, 무엇과도 비교할 수 없는 성취감을 맛보게 될 것이다.

작업의 형태가 무엇이든 상관없다. 부디 자신만의 감성으로 충만한 삶을 살기를 바란다.

패브릭 구매 사이트

해외 사이트 quilthome.com
              gloriouscolor.com
국내 사이트 thequilters.com